詩詞上海

系列丛书

2011第一卷

主　编：褚水敖
陈鹏举

上海市作家协会　主管
上海诗词学会　编

文匯出版社

图书在版编目（CIP）数据

上海诗词.2011.1/褚水敖，陈鹏举主编.-上海：文汇出版社，2011.5

ISBN 978-7-5496-0209-4

Ⅰ.①上… Ⅱ.①褚… ②陈… Ⅲ.①诗词-作品集-中国-当代

Ⅳ. ①I227

中国版本图书馆CIP数据核字（2011）第076292号

上海诗词

主　　编 / 褚水敖、陈鹏举

编　　著 / 上海诗词学会

责任编辑 / 甘　棠

装帧设计 / 孙洁涵

出版发行 / 文匯出版社

上海市威海路 755 号（邮政编码：200041）

经　　销 / 全国新华书店

印刷装订 / 江苏启东人民印刷有限公司

版　　次 /2011 年 5 月第 1 版

印　　次 /2011 年 5 月第 1 次印刷

开　　本 /1/16

字　　数 /100 千

印　　张 /8.75

书　　号 /ISBN 978-7-5496-0209-4

定　　价 /25.00 元

丛书编委会名单

顾　问

周退密　萧　挺　丁锡满

赵长天　戚亚飞　臧建民

杜国[illegible]

主　编

褚水敖　陈鹏举

副主编

严建平　杨　峥　胡中行　刘永翔

齐铁偕　汪凤岭　胡晓军（常务）

编　委

（以姓氏笔划为序）

刘永翔　齐铁偕　陈鹏举　汪凤岭

严建平　杨　峥　胡中行　胡建君

胡晓军　姚国仪　祝鸣华　聂世美

褚水敖　楼世芳

目录

卷首语

海上诗潮

霜林集叶

风云酬唱

华章颂寿

初雪抒怀

骊歌三叠

三以书房

师生酬唱

戏剧诗言

九州吟草

目录

目录

观鱼解牛

卷首语

诗词生命的鲜活

褚水敖

春天正在我们的面前。春天的特征，就是处处呈现鲜活的生命。在这时节谈诗词，自然而然会念及诗词生命的鲜活。

诗词不在多，而在好。好的诗词，必定生机蓬勃，活气盈满，迸发强健的生命力。这道理应该不存异议。但究竟怎样才能写出富有生命力的诗词呢？这是一个可能人人心里皆有而笔下为难的大问题。

我们《上海诗词》编了许多期，始终面对的也就是这么一个貌似简单其实复杂的问题。尤其是改为丛书公开出版之后，我们更是殚精极思，竭力鼓励诗人们在解决这一问题的时候有所作为。对于青年诗人和诗词爱好者，更怀有深深的期望。

活跃诗词创作，促进和激励诗词生命的鲜活，途径很多。这需要择善而从。最近因为“鲜活”的“活”字而引发联想，我对曾经旺盛于两宋之际诗坛的“活法”一讲很感兴趣。什么叫“活法”？大观前后情悍异常的诗人张元幹对此作过解释，“文章盖自造化窟中来，元气融结胸次，古今谓之活法，所以血脉贯穿，首尾俱应，如常山蛇势。又如风行水上，自然成文……”这里的文章，所指即是诗词。张元幹的解释还有余话，但要点已经显示。此段释文影响深远，我认为它的重要性，在于从艺术创作的本体层面上揭示了一个深刻的道理：要使诗词“活”起来而不是“死”下去，就要犹如天地元气、宇宙精神的自然呈现，绝不矫揉造作，避免费力安排。只有这种伸展自如、八面玲珑、自由创造的诗思，才能把诗词带入“活”境。而诗词鲜活的生命，包括浓厚高格的情感熏陶，深邃广博的哲理启示，也包括妙笔神韵清辞丽句的审美意向等等，便在这“活”境中一一呈现。

我注意这“活法”，着眼点不在古代，而在当今。我想，在当今的诗词创作中，如果我们也能像钟情于“活法”的江西诗派的一些诗人那样，在笔下形成生动活泼、活龙活现的态势，那么我们的诗词创作不是能别开生面吗？倘能如此，所谓激活传统，灵活优美地表现沸腾的当代生活，令诗词佳作源源不断，也就水到渠成，不在话下了。

之所以要这样提出，是因为我们眼下日见其多的诗词创作，虽然不乏充满“活”气的优秀之作，但也有不少作品不见“活”气却见“死”状。“活”的诗词，呈现的是意象活，思想活，趣味活，语言活，以及用典活之类。上乘之作诸“活”皆备，即使不能皆备，但如果备有几“活”，哪怕一“活”，可能也可成为一首佳作的亮点。而“死”的诗词不可能有这样的亮点。至于为什么“死”而不“活”，关键可能是未能实行古人既论述过也实践过的“活法”，而一味死扣旁门，死套公式，包括死寓庸情，死搬陈言，死用典故，把笔触归到死角。这自觉或不自觉地在“死”的牛角尖里钻不出来的诗词作者，连带着有这样的通病：大都与当代生活脱节，笔下又违背艺术创作的基本规律。胸无“活”象，闭门造车，刻意雕饰，而又缺乏自知之明，也就难以摆脱“死”的境地。

因此有必要倡导：想使我们的诗词具有鲜活的生命，不妨以古人思之有成、行之有效的“活法”为镜，来对照一下我们的诗词创作存在哪些毛病，并思考病因何在。还不妨把“活法”加以延伸，不仅在创作方法上“道法自然”，恰如行白云于蓝天，出芙蓉于清水；而且在如何更好地感觉时代脉搏、把握生活节律、贴近人民心跳等方面，也能变得活跃、活泼和活络。指望诗词充满活力，自己身心先得具备应有的活力。人与诗词活力俱在，美的气象也就活生生了。

让我们一起树立宏愿：使更多的诗词生命鲜活，融进并表现生生不息的春天！

海上诗潮

西江月　辞庚寅迎辛卯

吴祖刚

啸去林风飒飒，迎来月杵丁丁。海疆万里碧波平，百代中华威震。　桂殿嫦娥弄觐，天河神算先行。行云流水创新声，携手踏歌前进！

人日

周退密

送旧迎新岁几更，逢春得句庆收成。
违时只觉文章贱，多病惟求药价平。
室有寒梅增喜气，茶当醴酒欠深情。
微尘世界谁言小，一见难如隔百城。

庚寅中秋

周退密

三秋直欲胜三春，果实累累觉倍新。
月色千家各忧喜，金风万树尚嶙峋。
贪夫靡不殉财死，我辈初非在位人。
谁是今朝围猎手，草深狐兔巧藏身。

西江月　喜老友叶元章先生枉过

周退密

二十年前旧雨，三千劫后余生。重逢握手满乡情，白发飘萧共影。　度索山桃红熟，瑶池桂醑绿凝。祝君福寿共康宁，海上清音引兴。

雪窗偶题

叶元章

一

独向诗风盛处行，柔毫一搦入笺轻。
精华欲掩终难掩，扫尽浮云月更明。

二

妙手何曾偶得之，几分憔悴几分痴。
龙钟双袖斑斑血，岂忍违心唱赞诗！

梦到故园醒后有作

叶元章

蝶梦依依入绣帏，旧园光景未全非。
小楼题帕违前约，丹桂著花冷袷衣。

陌上香车何急急，云中锦字却迟迟。
年来别有伤情处，怕见南鸿又北飞。

注：早年与表姐相恋，为战火所阻。后表姐移居北国，再未相见，徒劳梦想耳。

重访狮子林

携酒重寻狮子林，回廊曲槛暗尘侵。
入根穿腹巉巉石，隔叶呼朋恰恰禽。
人世几曾逢暇日，山川何处有清音？
临流欲赋无佳句，幸有修篁供快吟。

秋夜漫兴

淡淡星河黯黯宵，秋光似叶欲辞条。
乱蛩鸣彻声凄惨，白露横空夜寂寥。
梦里亲朋新旧鬼，眼前人物去来潮。
依然世路崎岖甚，只恐桑榆景又凋。

浣溪沙　悲秋

桐叶枯时雨如丝，菊花天气费将持。伤今吊古渐难支。　遣问聊为无事饮，赋诗强作有情痴。一秋心事几人知？

梦里

梦里乾坤走一回，空余骸骨泽蒿莱。
雪泥何必留鸿爪，挥手红尘不再来！

秋日乡思

老屋疏篱夕照黄，梦魂犹绕旧渔庄。
高楼指点云山远，小阁沉吟笔墨荒。
入户秋风侵病骨，洒窗冻雨作新凉。
平生心事低回里，二字伤神是故乡。

江城秋日拾梦

傅璧园

一

一别江城年复年，江头凉月尚如烟。
人生易老空馀恨，旧梦无痕只问天。
十月影高怜雁字，三秋人瘦忆吟笺。
而今惆怅关河日，回首乡云路几千？

二

江乡垂老夜迢迢，入梦蕗儿依样娇。
泪洒桃花红有迹，影临春水绿无聊。
楼台十二空中色，云路三千浦上潮。
未作多情双蝶死，对看霜鬓两萧萧。

三

莲桥梦冷小楼空，楚雨湘云一枕风。
每忆华年思锦瑟，但寻陈迹念惊鸿。
育王岭路疏钟外，延庆寺基晚照中。
流尽绿波人不见，涉江何处采芙蓉！

银都路河边

曹世清

一

眼前河水去悠悠，逝者如斯孰可留？
千古有谁无感叹，十年居此暂优游。
人生似梦终非梦，鹤寿难求众所求。
漫说夕阳无限好，梧桐毕竟怯惊秋。

二

茂林转眼又枝寒，泽畔行吟兴也阑。
得句常嗟如白水，对楼恨不是青山。
偶吟绮语情难遣，强吐豪言气已残。
迟暮襟怀谁会得？新诗赋就自家看。

游莘城中央公园纪胜

曹世清

门当大石格称奇，草色匀柔入目迷。
客至园中风作酒，我栖林下柳牵衣。
时明野老信开口，日暖佳人多露脐。
鸟雀也知无管束，飞来飞去乱鸣啼。

读刘三墨迹

并世凭谁作醉谈，难能心事似刘三。
情深不觉鹃啼碎，梦短方知剑气酣。
湖海废名萧寺近，英雄宿命楚骚耽。
旧年驮得昆仑去，观弈从今泪不甘。

五七自寿，步石生兄《归途》韵

回首日中天，十年闻箭弦。
瞻前困歧路，忆往若尘烟。
向晚常垂眼，起晨忙舞肩。
心知奔马命，腾跃再加鞭。

格物

大道明明底处无，东西南北岂殊途。
不研天地研糠秕，同证濂溪太极图。

汉学家多娶汉女为妻，诗以嘲之

娶得明妃貌似花，想应昵语杂夷华。
呼韩倘准今时例，合署头衔汉学家！

题陈君福康井中奇书考

投鞭骄虏覆东南，志士千秋意未甘。
万国黔黎空自愤，九儒时世孰能堪？
肝肠永痛兰无土，血泪深缄井有函。
耳食纷纷说真伪，奇书竟付一人探！

观浙江潮

去年浪去鬓依旧，今岁潮来鬓已斑。
潮且慢催人老去，莫教雪浪咬青山。

录题画诗赠友人

水笔冲开一径尘，墨中晕出旧时邻。

相思点点连成线，画作明窗望故人。

暗香

齐铁偕

简干繁枝月影来，参差错落素描哉。
只因偏喜画斋近，染上书香淡淡开。

咏梅

齐铁偕

林寒涧肃静喧嚣，玉树琼枝几折苞。
且喜东风随我意，吹红点点上梅梢。

迎元旦戏作

杨逸明

互发今宵短信勤，甜言蜜语长精神。
东方只作寻常白，人类欢呼一岁新。

小区赏雪戏作一绝

杨逸明

冰花玉叶满枝头，冷艳寒光刺我眸。
只怕又教房价涨，申城无处不琼楼。

中国大戏院怀旧

杨逸明

重来戏院大门前，倒转时光五十年。
观剧沉迷童子梦，坐车偎倚父亲肩。
砖墙守旧千层土，岁月翻新一阵烟。
只恨感伤无解药，几番侵蚀透心田！

重访老宅

杨逸明

淡水新邨访旧家，灰墙红瓦老藤爬。
密林藏梦光斑驳，斜口牵情影叠加。
星散芳邻云外雁，尘封往事路边花。
遥看熟悉窗台上，趴着生疏兒与娃！

泉下溪流

赵新

穿风溅雨转轻音，林下花间豁素襟。

为有高峰岩下脉，缘坡滋绿见常心。

万年历

流光平等与公私，囊括浓情冷酷奇。
兼免伤寒标节气，备将徵古序干支。
傲人王霸存何页，往代才名隐未知。
善悟苍天工减法，归依壹志厚尤宜。

须辨

压力环环物欲牵，强生左右不禁旋。
宫廷补药虚难补，草野偏方肆用偏。
注拭经传求肯术，养生蛊胡拜神钱。
从人捷径非空确，须辨空禅与狂玄。

读无名帖

不知国史几风掀，黔首伤心孰考论。
骨感书争飞燕舞，肠鸣语夹碾蹄痕。
情商博弈混奴胜，学养徘徊洁士墩。
未辨樗才真益寿，殊怜乱世瞎投门。

读宝吕山水数轴余兴

行游息兴卧游真，大千心斋活法新。
花影披襟听雁聚，湖波伸脚与云亲。
借君色色非盆眼，畅我玄玄不二神。
踏遍千峰专一壑，洪崖定识是殊伦。

题照诗

红尘此去欲何之，料峭春寒花信迟。
我自心滋兰九畹，蓄芳和露待明时。

注：此诗作于1953年，其时我刚从大学毕业，时隔半年，尚在等待分配工作。

朱振和

庚寅年岁暮抒怀

岁月不居，忽焉八十。青壮之期，正值各类文化全面滑坡之时。我辈知识分子，为时代所推搡，竟大半成了“许国书生未成才”。但亦有不为潮流裹胁而有所作为者，令人敬佩。此等事实，每一思及，悔何如之！愧何如之！因叠《1953年题照诗》。诗曰：

红尘一入任由之，推搡千般日竟迟。
九畹贞风情未了，梦魂犹忆少年时。

聂世美

庚寅尽而辛卯临，赋一律而迎新

辛夷花发报回春，卯酒频倾醉万民[1]。
星散玉衡变黄历，寿齐玄鹤乞苍神[2]。
孕珠羞说曾偷眼[3]，捣药甘为且献身。
化世难为开口笑，应怜屈贾带愁颦。

注：①“辛夷”二句，语嵌辛卯之年，辛夷每年一月著花。

②星散玉衡，语本《春秋运斗枢》：“玉衡星散而为兔”；寿齐玄鹤，《抱朴子》：“寿兔千岁”；苍神，犹春神。

③“孕珠”句，语本《博物志》：“兔望月而孕”。

聂世美

游天台山龙穿峡[1]

天倾素练燕尾斜，破壁龙穿散玉花。
司马窥崖道心损[2]，青莲著笔盛名加。
遗踪犹辨存三友[3]，形胜难云待八叉。
此日同怜谢公屐，赤城未及最须嗟[4]。

注：①龙穿峡：在天台县北25公里万年禅寺以南之桐坑溪，其地有“太白临风”，“龙穿破壁”，“石门扣关”，“天池浴翠”等十佳景观。峡中瀑岩滩潭甚多，尤以“司马”及“龙穿”二瀑最负盛名。据载，唐著名道士司马承祯曾修道于天台山，瀑之一即以其姓为名。二瀑均由80余米之悬崖峭壁分流倾泻而下，溅玉喷珠，轰响如雷，威慑人心。

②道心：司马承祯曾就唐睿宗所询阴阳术数之事答云：“道经之旨：‘为道日损，损之又损，以至于无为。’”

③三友：是峡之太白临风景点有三友台，筑倚栈道，峭拔逼人，台有独生古栎树一株，三柯合匝，繁荫如盖，后人传喻为司马承祯与李白、玄宗交情之见证云。

④赤城：山名。在天台县城以北1.5公里，海拔306.5米，岩石赤赭，望之若城堡雉堞，旭日东升，有“赤城栖霞”之美，素为天台山之标志与象征。惜为游程所限，吾等均未登览。

题浙东仙居景星岩[①]

聂世美

巉绝危崖叹鬼工，南天横霸矗清空。
示君有道德星降[②]，揽镜无尘壮月逢[③]。
静卧艅艎泛沧海，惊腾龙蛟入鸿蒙[④]。
胡麻流水群山渺，刘阮仙源何处通[⑤]？

注：①仙居原名乐安，汉回浦县地。始建于东晋穆帝永和三年（374），吴越保正五年（930）改称永安。北宋景德四年(1007)，真宗以"洞天名山屏蔽周围而多神仙之宅"，下诏改称仙居。其地有麻姑岩、括苍洞、晋代摩崖石刻及韦羌山蝌蚪文等众多名胜古迹，现被列为国家4A级风景名胜区。景星岩位于仙居县城西27公里，海拔742米。山体南北长东西窄，首尾高昂，壁立千仞，一如龙虬蟠结，横霸天际；亦似巨舟浮海，流碧荡青。

②"示君"句：语本《史记•天官书》："天精而见景星。景星者，德星也。其状无常，常出于有道之国。"景星，大星也，也称瑞星或德星。

③壮月：农历八月。《尔雅•释天》："八月为壮。"

④"静卧"二句：景星岩形似艅艎浮水，状若龙蛟腾空。据云，每年八月中秋于此赏月为浙游一绝。是夜若坐卧于山岩望月廊中，但见月出于象鼻岩下，徘徊于景星岩边，碧空如水，四野苍茫，人如乘巨轮浮泛于海。艅艎:巨舟。

⑤"胡麻"二句：相传东汉永平年间，浙江剡县有刘晨阮肇者入天台山采药迷路，于溪边"持杯取水，见芜青叶从山腹流出，甚新鲜，复一杯流出，有胡麻饭糁"，因得遇二仙女迎归作食，"食胡麻饭山羊脯牛肉，甚甘美"，遂滞留其仙府半年。[illegible]，仙[illegible]，因云。

五台山印象

黄庆华

清流翠岭弄斜晖，晓雀疏钟禅室开。
白塔飞光金阙冷，人潮如蚁拜香来。

应县木塔

黄庆华

巍巍早稔宝楼颠，握日栖霞北国天。
拍遍栏杆辽远望，桑乾一带有无间。

黄庆华

晋商大院

乔家阔步到王家，鸳瓦虹梁牖透纱。
书礼门墙尘绝世，沧桑暗换好年华。

金嗣水

玉兔

生来守荒野，一误伴婵娟。
金杵捣灵药，清音动绿涟。
阴晴疏影断，圆缺碧空悬。
寂寞长天照，青光洒玉田。

金嗣水

随意

操持家务不知疲，小憩屏前还弄诗。
一日三餐有滋味，酸甜咸淡任由之。

金嗣水

庚寅岁末杂咏

一

朔风卷地草纤纤，曼舞银花寒气严。
陋室闲吟无俗韵，庖厨调味有精盐。
一年心事归冬至，三九冰凌吊屋檐。
杯酒兴怀挥秃笔，刺他时弊语多尖。

二

叶落疏林翻暮鸦，穿梭街巷计程车。
寒催梅萼流香气，风卷冻云飘雪花。
赴宴官商贪海味，打工夫妇念山家。
年来老病诗思钝，空对浮尘两手叉。

王铁麟

庚寅端日念先母刘氏太夫人

长念慈恩敢自珍，平生合是大夫身[①]。
沧桑情忆邢桥[②]雨，湖海长寒未倦人。
灯下不眠惟稚子，榻前轻语独情真。
高天仰止风云散，大爱人生浩荡春。

注：①先母性刚正，端容貌，忌辰同屈子。
②1949年先母由宁返沪，居此近40年。

偶感

江天又奏九重音，不老虹霓次第寻。
世路已分多聚散，人生难得说浮沉。
长堤柳月追花雨，宝刹烟云剪古今。
最是西窗歌一曲，皮黄声里碧云深。

再过姑苏平江路

又遇青桥五色花，合欢长在旧人家。
蓬窗小艇潘家子，石板虬枝萼绿华。
昔日挑灯元是累，今朝拍曲更非邪。
吴侬梦晓春茶碧，与话乾嘉看日斜。

江南拍得

忆江南　东山紫金庵看门罗汉

金庵到，侧首紫髯虬。湖水涟漪风入耳，山门轻叩叶追眸。端个赖灵猴。

注：紫金庵有南宋雷潮夫夫妇泥塑罗汉十六尊，东胜身洲跋阇堕阇第三尊者，俗称守门罗汉。罗汉左臂有灵兽匍伏，兽名猿狲，传说能听十里内声音。

柳梢青　席家花园柳毅井

橘影重重，潇潇细竹，又到湖东[1]。小院人稀，紫藤架畔，古井苔茸。　千年一水相融。雨翼泪，记何种同。又审书封，珊瑚[2]枕替，雨数花昌。

注：①“洞庭之阴，有大橘树焉，乡人谓之社橘”（柳毅传）。
②龙宫以珊瑚为床。

采桑子　崇明东滩

戊子东滩正建，绕道荒径，别有情致。

箭茅戟立崎岖路，野草萋萋。木栈人稀，枝绿芦黄拾蟹时。　空空海浪东滩语，春暮风怡。夕照芳菲，归鸟声随柳絮飞。

渔歌子　虞山即兴其一

偷得春深半日闲，虞山南麓绿围天。藤架下，竹轩前，晴阳斜倚枕池眠。

南乡子　虞山即兴之二

低卧斜枝，绿阴颠倒水中奇。竹屋轩窗池上起，声脆，掠过飞禽鱼弄水。

借宿西山堂里古村农家

孙玮

洞庭春暖燕相从，苜蓿绯红柳絮丰。
问酒篱边浮鹤影，移灯梅下话仙踪。
雕花楼隐逍遥客，水月坞含缥缈峰。
一夜银箫吹彻处，五湖长伴几鱼龙。

夜探禹王庙，遥悯西南地裂

孙玮

暮霭苍茫蝠竞欢，禅门深寂锁春阑。
僧归禹殿梨千树，月映妃宫蒲一团。
秉烛难知佛龛古，寻碑怕扰鹤巢安。
诸神受我香三炷，莫使九州黎庶残。

薄暮太湖弄笛

孙玮

江村日落树绸缪，独向湖烟觅旧愁。
芦荻鬓边归白雁，潇湘梦里话红楼。
蹉跎谁管萍波苦，辗转难辞胆魄幽。
玉笛三声肠断处，一天星斗大荒流。

银月湾古渡观日落

孙玮

酒旗猎猎晚风嘉，落日炊烟相对斜。
西子妆成云散绮，东坡赋罢月衔纱。
石桥曾印香山履，古渡犹浮谷雨茶。
九转泮波不知路，芦花深处夜归车。

生日吟

张立挺

初度迎来满室馨，婿儿事孝老妻情。
蛋糕寿面已无味，我抱外孙添笑声。

回农场

阔别瀛洲十七年，回思往事已成烟。
红楼碧水迷新景，白日清风恋故田。
昔奠宏基追宿彦，今升大厦仰时贤。
酒酣一入华胥境，身影犹行旧陌阡。

沁园春　电视剧《远山的红叶》观后感

浪激巴江，感动中华，每润泪瞳。敬情倾春雨，怜民热血；志怀秋竹，反腐寒锋。两袖清风，一身正气，万里长空飞彩虹。今留下，赞人间美德，时代英雄。　银屏片片山枫，岂不见经霜色越浓。慕当年焦、孔，堪温肺腑；眼前红叶，更炽心胸。化作衷言，公仆本色，盼染神州座座峰。王书记，请英魂留步，受我三血。

南歌子　暴雨

耳际三千鼓，云头十万兵。银河之水自天倾，荡涤世间污浊换新城。　暴雨须臾止，斜阳顷刻明。风摇绿叶闪晶莹，目醉窗前景物涌诗情。

临江仙

一

笔底明珠千百斛，麈谈讵与锋争？千杯不见玉山倾。高标出世表，到处夸项生。　湖月竹风俱往矣，龙门何日重登？而今无恨度生平。怀公若漓水，长抱桂林城。

二

人世难逢开口笑，今宵双笑难停。琼筵未语已三瓶。卿如河饮象，我吸海如鲸。　三伏谁言天酷热，忽生两腋风清。醉来自喜眼犹明。看卿卿共我，骨刻旧时情。

三

大节此生焉可夺，为卿万事须停。相寻直向浦江行。断然违重令，高步似流星。　好雨洗尘还降暑，玉阶偶过婷婷。名园双对镜湖明。相思四年恨，一笑付风清。

应邀游青田石门洞索题留句

自信曾游无数山，石门一览竟忘还。
非因景色称奇绝，更有文魁耀此间。

飞天

扶摇驾我入苍穹，万里河山一望中。
足下珠峰浮玉垒，天边沧海泻杯泓。
放怀直欲追红日，报国常思搏大风。
最是纵心驰八极，独将豪气播长空。

登高
——游世界屋脊感赋

久欲冲天揽斗牛，今朝终得极巅游。
风云纵览八荒外，气势凌加五大洲。
日月双丸随手掷，顶天一柱自风流。
千年多少登高者，独傲吾居最上头！

无题五首

一

梁园尺素旧缠绵，曲尽甘饴绝可怜。
轻度朱翘多少问，忆来历历复如烟。

二

齐脚阿谁伴子眠，清辉似昨隔帘穿。
此生无梦偏如梦，未觉秋凉欲晓天。

三

倦客天涯淡称雄，瘦藤枯树不言中。
访幽犹恐归来晚，一任蜿蜒锁嫩红。

四

星河惨淡晴知尽，落叶连朝苦雨天。
风入黄昏传别调，长堤重步独茫然。

五

投石生波纪有篇，当年一卜证前缘。
串心莫道终成患，陌路相逢好悟禅。

绍兴诸暨游

戒珠寺（王羲之故宅）

蕺山书圣永巍峨，风韵差迟恸一何。
缄口咸因清白在，戒珠苦是腑心磨。
墨池已静成莲水，堂宅还空响烛歌。
百衲能容天下错，几人愁悔似江波？

沈氏园

钗头心曲响千年，亭榭沈园最惜怜。
才子扫眉情梦重，诗人洒泪家国牵。
露凉莲色怨如诉，晖脉柳丝长胜前。
未解近来风恣睢，春波桥下影不联。

鲁迅故居

民族脊梁肯缊斯，仰瞻堂室感潸滋。
勤求三味志存早，细探百园疲不辞。
医骨难医千载愚，救家应救九州饥。
赤心都在牛孺子，安危岂肯退藏之！

咸亨酒店

矮矮低低太普通，入看豪气自不同。
茴香豆吐江湖意，加饭酒酣书剑风。
四字当传百代说，二间却置万家盅。
千杯饮尽未[illegible]醉，[illegible]。

注：“四字”指咸亨酒店四字，“一间”指一间店铺。

西施故里

美色芦萝迷万方，沉鱼一羡出毒光。
许身岂为贪吴富，去国诚非负范郎。
譬景淡浓妆自适，效颦今古举成佯。
可嗟流俗赞溪女，只重花容不重芳。

顾建清

沪上文化场馆漫步

上海博物馆

古陶古鼎古尘埃，穿越时空入眼来。
大象无形无召告，文明宝库豁然开。

上海图书馆

春来燕子啭呢喃，天宇青青水碧蓝。

王家林

有径书山攀绝顶，无涯学海弄征帆。

上海大剧院

琼楼玉宇碧玲珑，多样多元大汇融。
新蕊鲜葩齐竞艳，莺歌燕舞闹春风。

上海影城

银幕徐徐景境开，人生百味细评裁。
今朝做了平凡事，明日不愁入画来。

东方明珠塔

柴米油盐酱醋茶，小康闲暇乐年华。
擎天一柱传波电，频送新声进万家。

相见欢　龙泉

望秋小雨初阑。碧云天。不已雄心修练舞龙泉。刺劈点，崩撩斩，剑光寒。霜刃斩蛟东海靖疆边。

喝火令　太阳花

初秋寻芳，见太阳花布满小区草丛。摘扦家中盆栽，竟相继成活。红黄二色，迎日绽放。

槛外初阳醒，著花日恐迟。草丛争艳吐芳姿。弱质岂无天色，独赏看多时。　　忍剪培新绿，移盆复插枝。讶然谁与换春衣，点点红黄，朵朵似相依。记曾若叠连理，告与故人知。

南歌子　寄友

铸字稼轩体，融情屈赋辞。灯前伏案一吟痴。堪信瑶笺脱俗辄成诗。　　得句怀卿意，思君怨寄迟。添杯扫径待谁知？一别情真鹤梦话秋池！

满江红　百家讲坛开播《金戈铁马辛弃疾》

三径稼轩，年八百，月窥星谒。孰记取，美芹十论，殚精沥血？射虎惊弦平戎策，挑灯看剑中流楫。吟旌举，立马塑金戈，心如铁。　　愁漫诉，情哽咽。抒健笔，谴鸿迹。撷菁华浩渺，寄情词笺。慷慨催成肝胆赋，怜俜承继英豪杰。谁伴我，尊古仰前贤，今朝缺。

扬州慢　月夜忆父

灯掩离窗，愁思隔世，草欺孤冢哀眠。有江南倦客，涕关外云烟。怅惘久、魂牵梦系，琴声小院，笑语桌前。道寻常、解题吟诗，肩卧捉蝉。　　心笺问月，怎乘风、寄去黄泉？却天上无情，人间有恨，不照同圆。廿载茫茫音杳，杯中绿、浇土求缘。盼来生重续，绕膝庭外飞鸾。

还乡吟

涓江频入梦，卅载赋还乡。
倦鸟思林切，旧邻迎客忙。
欢筵倾酒海，漫话啜茶汤。
无那灯檠短，离襟诉未详。

松江瞻仰夏允彝夏完淳父子墓

荡湾村北吊遗踪，美谥铭碑称允恭。
大度清廷钦毅魄，有为民族敞心胸。
夏公父子铮铮骨，明季忠良郁郁松。
等是捐躯纾国难，抗倭雄鬼孰旌庸？

注：旌庸，表彰有功的人。北周庾信《谢功臣袭封表》："伏惟皇帝崇德旌庸，兴亡继绝。"

登华山小憩北峰后及顶

太华齐天气势豪，登临顿觉出尘嚣。
茫茫鸟瞰三秦近，宛宛蛇行一径高。
帝座非遥闻謦欬，北峰已近接云涛。
老夫素有山林兴，筇杖冲烟上险嶆。

读张炜羽印谱

故郡江陵楚篆斜，鸿飞一撇正风华。
顽堂门外噙深泪，白水关头放短槎。
三代合文如钵子，两垂夔乐似胡笳。
莫言难出万山里，已见砖前二月花。

姜玉峰

画间闲赋

尤爱元明画逸奇，青山幽水配联诗。
大家辈出钟松雪，流派纷呈慕董师。
递达心情渔隐处，经营笔墨赋闲时。
会将合璧诗书画，传统创新求灼知。

姜玉峰

校庆抒怀

星移月换梭飞疾，学院须臾三十年。
欢庆集贤温旧梦，争鸣跨步探新缘。
花妍但惜春风暖，果硕未忘渠水甜。
悦目阳光明照耀，乐闻远景更空前。

姜玉峰

绕佛阁　读书

退休未老。憧憬远景，幽梦萦绕。新季初晓，又逢紫气东来送晖照。水天色爽，画图窈窕。途满芳草，半头白发，将心返年少。　　你尽享读书乐，悦目山高江浩淼。堪羡青松城头春意闹。看你写诗词，伊习花鸟。惜时如宝。喜叟媪知秋，风雅清调。正当时，菊香枫好。

姜玉峰

最高楼　咏闲

蓬莱苑，散步逸情归。书屋静临池。笺香墨彩盈檀几，松涛稻浪漫心堤。醉秋风，毋须酒，也成诗。　　莫辜负，人闲精力足；莫辜负，世昌文学馥。持恒志，愿能期。休将雅兴随名利，但将剩勇谢民脂。望长空，云淡泊，日恬怡。

徐勤才

满庭芳　辛卯上元感怀

明月随心，华灯闹市，沪上寒气难消。普天同庆，贫富共良宵。遥看银花闪亮，跃宫阙，火树云霄。风尘落，长街短巷，靓女比妖娆。　　时髦。开禁夜，汤圆户户，细品花雕。赏脱兔游龙，处处香飘。谁念紫姑甘苦，望青鸟，心似天高。人生也，尊卑何故，慈善自情豪。

忆旧游

忆池州路上，风也萧萧，雨也潇潇。歇息青山下，对孤村野店，绿树芭蕉。自将客栈归宿，杯酒解疲劳。望暮色苍茫，天低云暗，长夜迢迢。　　逍遥。叹前日，祭太白仙风，凄楚城郊。笑饮桃花水，念汪伦侠义，气傲心高。翠微又遇新识，相叙话通宵。报拂晓鸡鸣，朝晖灿灿情自豪。

㊟：池州齐山有翠微亭，传有岳飞“特特寻芳上翠微”绝句。汪伦家居宣城，李白有“桃花潭水深千尺”传世。当涂有李白墓。

瑞鹤仙　洛阳牡丹

帝京添秀美。任谷雨惊雷，催红携翠。春风度香蕊。正姚黄魏紫彩云相会。青春妩媚。又典雅雍容高贵。望群芳，笑靥盈盈，玉面黛眉情瑞。　　荟萃。流莺低唱，暮柳含烟，景迷心醉。襟前蓓蕾。谁家小女新佩？对夕阳，更念花神义气，所向忠贞不悔。愿东君，满目霞光，圣贤岁岁。

瑞鹤仙　叠前韵，咏菊

秀鬟螺髻美。对鸾镜生娇，屏山含翠。簪花咏芳蕊。忆蓬莱幽梦，晚霞相会。纯真妩媚。羡高士，倾怀尊贵。坐卧望彩云山月，恨半间万雷鸣？　　婉华。又房蟋蟀，素十殷勤，情怡神醉。玉台新蕾。高风节，令人佩。任霜寒露重，苍黄凄冽，不肯柔肠反悔。向大雅，芳草葳蕤，笑颜岁岁。

本事诗五首

函寄

琴声缭绕梦魂间，带雨梨花旧玉颜。
双燕唯留云外影，孤鸿不度雾中山。
为还前世千珠泪，尚欠今生一指环。
托付斜阳传尺牍，嫁衣妆晚亦斑斓！

漫成

老去今身百事哀，惟馀闲梦渡清斋。
烟云总被雷惊散，情愫焉能泪掩埋。

月下霜鸿飞海角，风中寒草怅天涯。
并非心结终难解，只是无时不挂怀！

寒潮

身尚未寒心已寒，天时变幻自寻烦。
八千云路梯难架，十二宫楼灯已阑。
潮汛当知月圆缺，花期莫问我悲欢。
忘情水酿杯中酒，朝夕人生带醉看！

雨雪

寒意江南雨雪天，盘桓鸿影断桥边。
水融零落梨花瓣，风乱飘摇柳絮绵。
不是多情曾误我，终因薄命未同船。
今宵梦见湖堤白，一老翁偕一美娟。

青山

青山我欲问归期，只道归期白发知。
坐对流云挥旧梦，卧听鸣涧唱新诗。
红绳未绾鸳鸯结，翠柳偏怜菡萏池。
终老无非一抔土，掩埋不尽是相思！

江楼咏梅

梅花怒放俏寒冬，装点江楼暖意浓。
明日东风春色秀，含羞别去半枝空。

如梦令　元宵

元夜琼楼灿烂，柳色如约江畔。放眼望星空，却见天宫灯暗。云淡，云淡，倩影依稀幽怨。

少年游　武陵源天门山

纤绳索道上凌霄，闲坐对云涛。湘西神山，东风化雨，春月绿添娇。　　峡谷九九弯路险，盘绕翠峰遥。天门洞开，澧河激荡，谈笑问天高。

千秋“木王”赋

——上海珠溪园百年梓树颂

诗云：“维桑与梓，必恭敬止。”
梓之灵赫兮，梓木造屋，群木皆稳安不震；
梓之威仪兮，梓树植林，诸树必恭拱如皇。
木理莫良于梓木兮，世奉梓为百木之长；
树材莫优于梓木兮，人称梓乃群树之王。
梓之雄兮，身高多丈伟岸；
梓之壮兮，胸阔数围刚强。
梓之质兮，心实质坚耐腐，身柔体轻而皮韧；
梓之貌兮，叶展掌开微裂，花放淡紫或浅黄。
梓之多用兮，嫩叶可食，页花饲猪土肥大；
梓之益人兮，繁枝消暑，密叶遮荫任纳凉。
梓之为器兮，笃信质优坚固特久；
梓之造琴兮，时闻曲雅律吕宫商。
梓善悬壶兮——
熟籽入药，可安胃止吐，利尿固肾；
白皮为方，犹祛热明目，解毒疗疮。
梓树至贵兮，帝呼皇后为梓童，令束妃镇院；
梓木达贵兮，帝卧棺椁号梓宫，可召瑞聚祥。
梓树多典兮
桥梓代称父子，梗梓借比栋梁。
梓匠、梓人，素指治木工匠；
梓乡、梓里，奉尊游子珂乡。
伟矣！梓木——百木之长；
贵哉！梓树——群树之王！

注：以上梓树资料见之于《诗经》、《汉书》、《礼记》、《博雅》、《埤雅》、《博物志》、《广群芳谱》、《本草纲目》、《齐民要术》等典籍。

游武夷山

饮茶三十二年前，两鬓风霜夙愿还。
虎啸岩头朝佛殿，宾曦洞外数云烟。
梵音化雨三千涧，道学乘风九万莲。
桐木深山关隘翠，人间天上武夷山。

满庭芳　游武夷山

袁拿恩

三十二年前游武夷山曾叹曰：此乃天上人间也。今得重游，遂赋。

竹径闲幽，柴扉轻叩，拜谒清净云坛。煮茶茹素，茵席喜听禅。虎啸岩头寺院，观音殿、耸峙崇峦。月明夜，风传钟鼓，借得僧床眠。　　秋山。溪涧碧，飞流溅玉，谁抚琴弦？谷空响悠远，尽洗心田。朱子故居掩映，石苔外、处处池莲。重来到，人间天上，旧赋复新填。

归途

喻石生

归途向晚天，岁暮撼心弦。
落木宽街道，寒流重雾烟。
尘嚣蒙只眼，风旋耸双肩。
抱愧身闲散，何当著一鞭。

题燕子龛诗二首

喻石生

一

杜郎风骨已蹉跎，争奈飘蓬感慨多。
梦断魂销红粉里，六朝烟雨病诗魔。

二

灵台几唱大风歌，秋月春花苦恨多。
却怨情波难入定，参禅只合醉诗魔。

雷雨

喻石生

突变苍穹墨大荒，狂涛藉助太平洋。
频闻撼魄震雷鼓，瞬觉瞠眸骇电光。
长啸正宜排愤懑，微吟复可任徜徉。
飞虹横贯潇潇歇，直上云山挈一航。

早春

喻石生

雪后东方逐染青，探芳骚客最关情。
安排梅柳先清发，故让杏桃迟艳争。
乘兴眼前谱旋律，放怀花下践诗盟。
重回烂漫非遥想，多少才思已暗生。

娥吟

秋心两地同，孤影对长空。
君寄人篱下，吾依月桂中。

朏晡遥思

月芽初上柳梢头，独倚南窗不见秋。
一缕长丝悬际外，九天只鹞逐风流。

郊行

毕竟春光郊甸好，和风轻荡柳枝梢。
晚晴塘外双飞燕，比翼衔泥筑爱巢。

又过巫峡

舟近仙山十二峰，碧纱飘缈掩秋红。
巫阳仰首望神女，雨意云晴梦幻中。

贺新岁

锅盆碗筷齐鸣曲，海味山珍席上全。
华夏春光今夕醉，红红火火过新年！

步杨老师韵

往事如云岁月深，酒逢知己满杯斟。
桂花苑里敲平仄，塔影园中闻梵音。
紫电青虹腾剑气，高山流水识琴心。
明星灿烂空中挂，过眼烟云自陨沉。

采桑子（添字）　参观世博会有感

不知今日为何日？宾客如云。宾客如云，世博园中，国友正欢欣。　　美轮美奂申江岸，举世同樽。举世同樽，夜幕金秋，昂首望仙宸。

辛卯元宵华林雅集绝句

照诚

新春爆竹上元花，细雨无声漫煮茶。
香满华堂骚客醉，清宵望月不归家。

奉和照诚上人

茆帆

平明细雨似飞花，又是元宵独对茶。
收拾心情研旧墨，榜书福字到人家。

题游鱼图

茆帆

一

暖似秋云清似水，依蒲依藻暖风吹。
谁知片片青萍下，也有欢欣也有悲！

二

春风着意落英随，莫向池头树下吹。
翻起暑寒分四季，错知冷暖喜即悲。

步照诚上人诗韵

沈护林

今宵禅雨润诗花，几首清歌一盏茶。
欲借月儿圆好梦，祥和愿景颂千家。

庚寅重阳诗会有感

沈护林

满庭金蕊正重阳，携手登临处处香。
更喜吟朋新聚首，此间秋意胜春光。

祝贺兔年

李建新

与龟曾赛跑，骄傲不应该。
今夜腾飞兔，新年准点来。

晨

青桐

玉楼春晓起和声，帘外黄莺碧树鸣。
一夜忽开风信了，恐惊香蕊弄弦轻。

注：琴曲《玉楼春晓》多双音，唯虚静乃和。是知古人云：琴禁也。

采桑子

水天红透残阳落，千顷波澄。千顷波澄，清影孤峰，脉脉对无声。　　枝头半损长藤老，悬椅空亭。悬椅空亭，谁与同摇，点点乱繁星。

青玉案

春花烂醉粘泥去，但纵目、青如许。莫送斜阳红万树。倚栏常向，月华泻雾，老柳停舟处。　　墨云冉冉清芬吐，竹雨松风石兰路。落落闲情谁付与？漫吟千卷，腾挪今古，最爱青山句。

兔年戏作

足下生风一溜烟，红眸短尾白披肩。
寄言长耳休停步，遥见金龟已在前。

记初中同学聚会

年方豆蔻入同门，三载光阴倍感珍。
霜鬓相逢能忆我？红颜一别未闻君。
北疆雪裹心中影，南国花撩梦里人。
坎坷青春说不尽，休教往昔化烟云。

游诸暨香榧森林公园

闻道枫桥多巨木，邀朋绕岭入云寻。
虬干劲节含霜梦，羽叶高枝伴月吟。
千载风情妃子眼，百年珍果故人心。
历来谁解西施恨？吴越兴亡演到今！

欢溪口立马殿遗址

峡下松涛久不闻，峡中湮雨自纷纷。
平畴立马愁前路，绝壁霜岚入白云。
直济逍溪华顶去，常怀会稽兴公勤。
殿前芳草沙痕里，满地诗人蹀躞文。

注：兴公，东晋人孙绰，字兴公，是兰亭集会主要诗人之一。欢溪口是唐诗之路上天台山主峰最后一段山路的起点。孙绰《天台山赋》有“济逍溪

而直进”句可见孙先生是上过天台山的。东晋至宋元，上天台山主峰一定要沿着道溪前进，没有他途。

张佐文

东陵怀古

衰草西风满蓟州，东来紫气几时休。
四山依旧成龙脉，痞子猖狂踹凤头。
泪滴铜人悲末世，烟笼月浦笑新秋。
八旗子弟今何去，侃侃村前作导遊。

注：东陵是康熙选定的皇家陵园。慈禧亨殿前，有一汉白玉半浮雕，图案为凤在上而龙仰首如观望状。“痞子”句，指孙殿英盗墓事。

张佐文

悼袁雪芬先生

浦江绝响剡溪声，一代宗师也远行？
血泪几行滋九畹，楼台一会恸千城。
引商刻徵成清白，继往开来已证明。
今日春梅摇落处，如天花雨送先生。

季镔

蜒蚰

昼藏砖缝中，夜出觅西东。
噬果成空洞，啮蔬生绿脓。
吹嘘肥己术，炫耀损人功。
一道闪光迹，居然自送终。

季镔

行道梧桐

春深落絮毛芒夥，路此行人掩面过。
并未深嫌反含笑，皆知盛夏荫凉多。

黄思维

和周退老瞒字韵

为诗才大自无难，险韵稳如过险滩。
长记屋乌频见爱，肯忘草间几邀餐。
眼前春色人间返，心底琴声月下弹。
千载英雄数三国，只今犹热是曹瞒。

注：据报载河南安阳一高陵被发掘称曹操墓云云。

六十初度

榴花红处一凭栏，六十年来思渺漫。
却望眼中人就老，亦知世上路行难。
曲肱饮水不妨乐，把酒对山能自宽。
差可吟诗贤博弈，又添长句付毫端。

注：朱自清先生有《犹贤博弈斋诗钞》。

周退老见和六十初度诗依前韵奉谢

云移鸟度入危栏，宇宙人生觉杳漫。
去去光阴终可惜，悠悠事业古来难。
心之忧矣歌谣在，身得退兮田地宽。
沪上诗翁存硕果，常将后辈上前端。

题三苏坟

宛若峨眉拥翠岚，对山犹是作深谈。
千年父子何曾独，一代文章却占三。
世路崎岖还可记，人生兴废自同谙。
料知身后应惊叹，崛起鹰城在豫南。

注：苏轼《和子由渑池怀旧》："往日崎岖还记否，路长人困蹇驴嘶。"苏辙《次韵子瞻上元见寄》："人生天运中，往返成废兴。"

穿越罗布泊寻访楼兰古城感赋

庚寅之秋，余纵穿罗布泊死亡之海，探秘龙城雅丹，走访楼兰古城，祭奠了校友余纯顺，于颠簸如行怒海中之越野车上吟成此诗。

蔽日黄尘车似船，罗湖穿越向楼兰。
汉唐伟业留鸿爪，今古英雄壮河山。
重振神威腰下剑，固坚国土手中鞭。
终圆华夏千年梦，吾辈扪心可问天。

渔家傲　浏览南汇县志随想

鹤沙

陆氏寮棚潮退处，芦苇掩盖蟛蜞路。白鹤叼鱼双翅举。凌波舞，依稀靓影翔南浦。　　瞬息千年风雨度，良园百里芬芳吐。创业声宏擂急鼓。奔共富，笙歌达旦天仙妒。

注：传说召楼、下沙一带曾是陆逊筑寮养鹤之地。

盐丁泪

辟荡开畦成陆起，今留灶号名乡里。苦卤难逃晁错计。官家喜，层层窃剥无穷利。　　酷暑烧锅经火淬，长年赤脚尝腌味。野草糠粞磨血气，盐丁泪，时迁境异谁留意。

剿倭记

月黑天寒风破竹，烧村劫市倭刀毒。万户萧疏冤鬼哭。官员缩，吏昏民弱听屠戮。　　荡寇雄师擎大纛，海防千里铜墙筑。烽火墩连驰援速。将军督，戚家枪下妖氛肃。

满庭芳　海陬小曲

九派茫茫，粼粼细浪，晚潮初涨迢迢。西风余味，雨后识天高。彻扫浮尘气爽，目力远，岛卧船漂。群鸥乱，叼鱼射水，雁阵逼云霄。　　逍遥！南海热，北溟太冷，方丈唠叨。驾龙舟阔绰，骑鹘轻佻。还是荒村野浦，茅檐下，对菊斟醪。谁和我，宫商协奏，尽兴度良宵。

赏梅

曲径寻芳者，幽庭播韵人。
孤飞琼海日，独览锦江春。

读《富春山居图》残卷有感

山忆古人箴，琅玕紫气临。
画传天地眼，诗颂圣贤心。
璧合全民乐，珠联各国钦。
春江光景好，留醉与知音。

江城盛会

蛟腾风起浦江城，铁画银钩锦浪生。
白渡桥头圆美梦，步行街上听新声。
地球村内传仁爱，世博园中话热情。
紫气如云迎盛事，英才胜地会峥嵘。

登石嵝山

万蝉萝径沸，掉臂上层霄。
震泽林间闪，虎丘霞上漂。
松篁侵荦路，薜荔拥僧寮。
触热苍生病，岩泉荐一瓢。

吴县光福道中即目

四山拏攫尽长松，阴翠寒人鹤在滦。
亭午车窗忽开眼，膏凝黛蓄见龟峰。

游豫园

一池活水唼游鳞，碧瓦朱甍不染尘。
劫尽昆池三百载，楼台弹指又翻新。

二

云亭月榭自煌煌，九曲桥边灿众芳。
赖有郭公能迓客，一筇来叩点春堂。

玉玲珑石

豫园园东，有玉玲珑石一尊，传为宋代花石纲遗物也。

嵌岑巨石玉玲珑，淮汴舁年搜刮穷。
[illegible]水祚移立物府，不期流落此园中。

残荷

折腰褴褛顶枯蓬，涸底池塘唱北风。
白洁莫愁贞节失，淤泥可护玉尊容。

一·二八纪念

腊梅雨雪泗塘边，七十九番轮者天。
一二八谁还纪念？奢谈国耻过新年。

如梦令　咏桂

于鸿宾

一

沉郁木樨贪睡，落后仲秋追悔。今有暗香生，金玉绿丛镶缀。亲蕊，亲蕊，默立荫蹊如醉。

二

懒与俗风争位，秋梦醒来齐备。梅妒菊羞之，独酿月宫尊贵。遥对，遥对，自是一流无愧。

游金山农民画村

庞湍

何方寻画去？枫泾中洪村。
艺术得灵性，家园扎壮根。
挥毫龙上壁，剪纸凤栖门。
上海添新景，美名榜上存。

注：上海市金山区枫泾镇中洪村为金山农民画发源地和主创区，被评为“沪上新八景”之一“枫泾寻画”。

游枫泾古镇

庞湍

古镇忆前朝，人家映水娇。
寻幽金圃宅，待客状元糕。
品味农民画，观光石板桥。
名人留胜迹，青史挂红绡。

栽柳

庞湍

有心栽柳几多年，生长春风古道边。
柔韧青丝垂作链，送侬留作系秋千。

雁荡山灵峰夜景

李文庆

一

风拂罗衫伉俪情，唤孙二老笑盈盈。
分明百姓千秋梦，幻入灵峰仙境清。

二

不见烟村夜色浓，清风幽谷月朦胧。
灵峰影幻千家事，雾锁楼灯飘渺中。

三

一扫凡尘浊雾空，灵峰清境月明中。

凭风偷听仙家事，恰似人间情语融。

画堂春　沪上安居吟

小池才醒睡芙蕖，夜来雨润风舒。芳菲楼苑映霞初，燕悦莺愉。　　千里归来游子，烟尘犹记征途。抚琴相伴乐诗书，醉赋吾庐。

浣溪沙　读李清照诗词感赋

少小心仪女杰名，才华最爱易安清。一泓漱玉碧涛声。　　愤咏《乌江》舒正气，绿肥红瘦趣横生。千秋《词论》世人惊。

虞美人　游鉴湖怀秋瑾

南天初霁云飘絮，踯躅湖边路。青山万里奏松涛，相和碧波奔涌唱英豪。　　当年奋补金瓯缺，甘洒腔中血！睡狮唤醒豁神眸，赢得河山春盛壮千秋！

踏莎行　芳甸春汛

梅萼才红，玉兰又绽，柳丝初吻澄湖岸。碧波云影锦鳞欢，呢喃双燕栖芳甸。　　新笋参差，山茶烂漫，楼窗闪闪迎霞灿。紫藤架下听瑶琴，风光如画春无限。

题画

共与寒星染锦宣，八千岭嶂八千川。
低垂但见江天泪，可是梦中故里船。

昨夜入梦以此记之

吴语悠悠梦里闻，细风拂烛照罗裙。
楠溪江水腾寒月，低见参商竟不分。

远寄兄弟

张二

三十岁华三十虹，一人粤海一人东。
庭前花谢沾秋露，檐上莺啼向碧空。
大翼长风行万里，群山薄雾锁千重。
儿时嬉戏常回梦，癸亥喃喃俩小童。

辞旧迎新赋

刘振华

一

金牛银虎危津度，春意盎然草木苏。
欲夺高标跨赤兔，千山万水跋长途。

二

虎跃龙潭迎玉兔，春风送暖入屠苏。
枫林更喜秋霜树，红叶飘飘碧野铺。

浦江夜游

刘振华

2010年国庆节夜游浦江，适逢嫦娥二号探月卫星发射成功，喜赋。

华灯焕彩浦江波，璀璨同欢一路歌。
聚首遥瞻天上月，嫦娥起舞迓“嫦娥”。

诗友聚会

刘振华

雅集宾朋逸兴来，吟声阵阵动心斋。
珠玑喷薄辞章美，情感交融韵律谐。
园里玫瑰羞采撷，人间万象敢移栽。
书生秉性安危系，圆缺阴晴总念槐。

舟曲叹

张文豹

暴雨山洪泥石流，突然漫淹“小扬州”。
人文俗尚吉祥地，水秀林丰美丽洲。
采伐无方灾害隐，预防未作祸根留。
何当痛定明斯理，重建家园好统筹。

注：舟曲森林覆盖面积65%，山清水秀民风淳朴，被誉为“藏乡江南”、“不二扬州”。

老兵行

回忆当年满十三，参军抗日吕梁峦。
黄河怒吼降强寇，黑水奔流破大关。
填海移山天下志，凌霜傲雪管中斑。
沧桑岁月身犹健，夕照枫林红叶看。

注：吕梁山，即吕梁山脉南部，黄河东岸。黑水，即黑龙江，东北野战军1948年在此奋战三年，解放东北，进入山海关。

金缕曲　抗战胜利65周年

胜利寰球吉。望神州，缅怀先烈，永崇功绩。冬尽春回方雪耻，赖我铜墙铁壁。九一八，东洋寇入。国难当头齐奋起，忆同仇敌忾赢强敌。黑水怒，白山激。　军民百战威名立。佩中华，雄师用命，铁流齐衣。覆地翻天黄河吼，圣地英明决策。众壮士，丹心碧血。后羿弯弓终落日，反法西斯普天同赫。驱虎豹，展新历。

咏梅

腊梅纷飞五福开，冰姿玉骨满庭栽。
暗香惹我晨昏赏，疏影与邻诗酒陪。
蜂蝶闻知联袂至，霜禽偷眼着迷来。
寒天冻月群芳息，唯有红梅独占魁。

晚岁述怀

老迈悠闲养素真，陶情冶性益心身。
林泉散淡能长乐，歌酒逍遥不问津。
戏逗鸣禽添趣味，痴迷花艺远氛尘。
春风鼓我春游兴，饱览神州景色新。

何满子　九十抒怀

逆旅红尘小谪，人生酷似秋蓬。历尽沧桑风雨骤，而今老迈衰容。酌酒花前兴减，吟诗月下情浓。　盛世欣逢雨露，晴时惠沐春风。锦瑟年华虚掷弃，蹉跎岁月匆匆。我愧蹒跚步履，行看日暮途穷。

相见欢　嫦娥卫星游太空

汤靖

嫦娥二号飞天，舞翩翩。直向月球飞去笑开颜。　月惊喜，妹胜姊，驾飞船。亿万世人高喊笑向观。

和张公谒东坡墓

胡建君

屠苏酒气深，绝域注文心。
家国眉间事，江湖掌上琛。
思君云水意，伴我虎龙吟。
雨笠烟蓑去，萧萧世路森。

未刊书题记

胡建君

飞鸟在天鱼在水，风云有续不相违。
鸟飞网角鱼升树，情以何堪说是非。

金缕曲　榴屿

胡建君

玉环古称“榴屿”。谢公曾驻，遍游寿星山。峦岩有寺，悬岩结穴，名知空寺。“龙门虎穴”见于寺后。余自蛟川来，凭山观海，如对梦寐，更那堪一夜鱼龙舞。

榴屿吟留别。近家山、旧时明月，海天清绝。遇酒须倾寻常事，醉里鱼龙重列。春谢锦、鹃声如迭。花自成眠侬自梦，却为谁开遍应谁悦？谁共与，尽千阕？　谢公此去头如雪。说纷纷、流离契阔，破勘名节。海韵玉环龙虎地，何处悬岩结穴？回首望、摩崖如切。风露浩然天涯路，正何妨伴我听鹈鴂？歌一曲，幸无缺。

八声甘州　雨夜和章明

胡建君

算如今、诗酒更年华，一一在空尘。须臾对面，顷时离别，眼底著片云。朝暮昏昏如睡，无计唤此身。夜半灯前雨，细数青春。　已是伤秋怕暑，奈前生有梦，往事无垠。过车声马迹，客路似逢君。待黄莺啼破，酴醾绽遍，不见斯人。行千里，归途俱忘，何处昆仑？

鬲溪梅令

三分清气月华填，好风天。吹彻落花如许惹人怜，依旧香影悬。　　别多会少是流年，梦无边。莫用春风词笔写云烟，不如醉中眠。

杭州孤山游草

一

平生最忆是孤山，幸遇今朝睹旧颜。
重蹈祖先吟唱处，激情催我泪斑斑。

二

孤山早识今时我，绿续三生访旧家。
蹊径追寻寻鹤伴，老林安否问梅花。

三

孤山厚我展青眸，重唤逋仙携我游。
佳句染香多赠我，如何教我不回头。

参观滴水湖感赋

滴水成湖世所稀，湖光荡漾泛涟漪。
人工造化人间巧，锦绣湖山又一奇。

梅花赞

一

我爱红梅钢骨枝，霜花为尔谱新词。
冰姿好似美佳丽，不向妖人低柳眉。

二

几经风雨俏枝头，射褪残妆换绿绸。
待到阳春霜雪尽，迎来百卉遍神州。

咏雪

一

多年不见玉龙飞，今喜琼花下翠微。
碧树银装岂奇景，江山如画尽朝晖。

二

滚滚寒流过晋东，中原大地舞飞龙。
银装素裹江山美，喜看晶莹白玉宫。

病中感赋

章人英

风刀霜剑苦相摧，二竖缠身似毒虺。
生死险夷何应惧，浮云散处一轮开。

注：二竖，典出《左传》，指病入膏肓之意。

闲吟

尹登林

品茗聆风竹，中庭独自闲。
敲诗谁作伴？新月半空悬。

谒灵隐寺

尹登林

偈音袅袅晓风轻，宝刹巍峨带雾横。
但问芸芸朝觐客，几人祈福为苍生？

过始皇陵

尹登林

旷代人君姓字昭，扼关连岳起岧峣。
金鞭一指七强并，帝业千秋二世消。
灵药何曾致永寿，长城未必阻胡骁。
荒唐史事凭谁问？蔓草寒烟伴寂寥。

忆江南二首　南通狼山

胡熊飞

狼山壮，态势锁长江。百里潮平孤岸阔，千年浪劈一州疆。胜迹感沧桑。

春骀荡，花路入云乡。佛寺梵音随处响，忠魂英烈祭时芳。风骨赖吟章。

风入松　无端

胡熊飞

无端雁断几肠回，春梦费疑猜。情痴肯使随花落，犹难释、平地风雷。几曲莺歌曾对，一身鹤脊归来。　　如今桃靥向谁开？幽巷独徘徊。人间那有藏身处，空余得、婵鬓云堆。夜冷焉期明月，披襟泪湿青苔。

读白居易论诗八字箴言有感

何新扬

白居易与元九书云："感人心者，莫先于情，莫始与言，莫切于声，莫深于义。诗者，根情、苗言、华声、实义。"

根情

大树参天命系根，感人肺腑乃心声。
古今多少名诗句，万语千言总是情。

苗言

苗心破土力千钧，人未曾言意创新。
滥调陈词耳生茧，时鲜活句振诗魂。

华声

四声汉语最传神，平仄铿锵弹瑟琴。
填入诗词成绝唱，抑扬顿挫绕梁音。

实义

诗词重义忌空玄，矢有瞄标水有源。
乱叠云山不成画，美人丽质贵天然。

咏中国国家馆清明上河图

何新扬

恢弘长卷画中殊，国宝迷魂夺眼珠。
酒肆茶楼聚宾客，挑柴垂钓现樵渔。
弯腰杨柳向河笑，招手店家朝我呼。
恍若时光倒流转，古今赶集共欢娱。

南飞雁

沈永清

南飞云顶上，俯首告爹娘。
孩作游园别，来春返故乡。

当前小说

沈永清

翻开书页页，无不泪辛酸。
男女红楼梦，岂能永世间？

笔诗

沈永清

手提笔一支，爱写日常思。
未怨年将暮，意怀乐自知。

迎春

钟石川

风雨庚寅遍宇寰，中华屹立不言难。
危机应战丰功伟，世博扬威夙梦圆。
改革宏图群杰绘，创新巨著合心编。
倾杯笑贺阳春美，奋力攀登更向前。

庆祝党的十七届五中全会召开

钟石川

举旗应敢再争春，迈步悬崖似有神。
灿灿蓝图连巨擘，泱泱赤县启新尘。
政和正可添邦力，民富犹能聚国人。
老媪欢歌欣盛世，潜龙腾跃震苍旻。

椰树

王金山

扎根南国树身坚，骤雨狂风腰不弯。
四季葳蕤春永驻，高悬硕果献人间。

屈原

王金山

山河破碎叹黎元，爱国情怀气宇轩。
有幸汨罗沉铁骨，自兹赤县出诗魂！

茶禅

陈诺

禅门茶道两相参，儒智圆通未可偏。
妙谛不由文字写，净心达悟便超然。

吟赋心得

陈诺

月下推敲人笑痴，文章辛苦付谁知？
吟来莫道无佳句，发轫于心便是诗。

诗心

陈诺

诗心云意漫舒张，急管繁弦动大江。
醉剑挑灯辛弃疾，春风剪柳贺知章。
晋词旧吟桃源赋，元曲新焚拜月香。

欲解骚人千古事，且随飞雁渡潇湘。

同学发来四十八年前合影

旧影启封尘，今嗟陌路人。
晨曦华足贵，夕照采弥珍。
青春梦追远，迟暮悟归真。
四纪窗情绕，续缘又几轮。

退休自勉

犬马辛劳四十秋，归林趣养六旬猴。
闲云野鹤存远虑，俗子凡夫除近忧。
[illegible][illegible]非俱天意定，世情难任我心由。
莫嗟病树萧萧下，春水悠悠不尽流。

送女儿上学（新韵）

单车漫踏叶沙沙，背后贴着小粉颊。
无伞不愁秋雨密，只因同爱路边花。

山居有忆(新韵)

孤村烟起莫相催，抖尽诗囊撷梦归。
青鸟千徊留暮影，苍穹[illegible]仰尽余晖。
悠悠花事随人老，落落林风入室微。
曲水折东终不返，多情山月自盈亏。

闲居（新韵）

草庐合筑柳溪边，人傍丘山照水闲。
苍海百迁如过隙，明窗一觉似经年。
入帘雨细烟盈袖，放眼云高风在天。
小律已成犹未稳，几番花事欲重填。

岁杪闲题(新韵)

翻空旧历又新年，因爱梅花盼小寒。
水墨生活一经雪，茶禅滋味两回甘。

素心已堕书生气，盛世尚容云客闲。
人在中楼堪度日，无须俯仰也观天。

龙华塔影苑听师友论诗(新韵)

刘鲁宁

禅房午后起清吟，云影匀窗塔影深。
漏日犹存数分暖，拂肩又染一层金。
空枝有意谁求索？小句盘根自展伸。
来去不携风半缕，只消好梦爱诗人。

辛卯早春偶题兼步友人韵

刘永高

脱兔追春草未青，寒余匝地奈何情。
时来总以轮回转，欲望难从次第争。
彻骨冰凌终化土，迎风梅柳竟联盟。
韶光虽急无欺世，肯把机缘赐众生。

探芳讯　南汇桃花新赏辞

刘永高

踏青早，趁柳色新生，桃花初俏。羡恢弘烂漫，平林豁然眺。万株点缀绯云集，灼灼枝头闹。伴芳菲、醉里和风，隔音听鸟。　揖我寻春到，有映靥柔情，怦心飞笑。莫逗孤蹊，怕伤感、落英悄。武陵旧梦仙境觅，试泛花溪棹。最流连、几转香浓景好。

金缕曲　西子

刘永高

西子销魂媚。濯清波、淡妆浓抹，出尘超世。歌舞几时无寂夜，何啻妖娆人醉。更缱绻、湖滨故事。亘古钱塘明月影，这繁华谁揾悲欢泪？烟阔处，笼千史。　爽风似解闲鸥意。正倾心、绕堤碧柳，可怜柔水。曾谙旧踪当年过，踏雪寻春还记。皆负了、天涯情致。毕竟斜阳孤蓬转，但梦惬总为思佳丽。映落照，更惊美。

少年游　春柳

刘永高

残冬包孕带春归，梦醒任轻垂。骤然吐绽，如烟飘袅。惊步为倾姿。　丝弦濡水柔情起，浅唱韵吟低。细诉清风，尘缘难断，万缕对谁思？

清扫工

新村街道晨，农嫂费艰辛。
酷暑浑身汗，严寒双手皴。
弯腰除杂草，俯首扫灰尘。
日月常陪伴，终为环境新。

老有所学

老年大学沐阳光，霜鬓求知意气昂。
泼墨挥毫描万象，吟诗漫舞写文章。

明珠湖畔

风光秀丽自然湖，游客欢欣下钓鲈。
快艇追飞翻白浪，休闲难得自娱区。

雨中畅游龙虎山

游踪汗漫雨丝颠，水秀山雄湿雾烟。
白瀑帘珠彪入画，青峰壁垒铸成仙。
和谐炼汞天师法，静谧随心道观缘。
翠羽丹霞龙虎在，千秋物事总由天。

初祭马阴森吟长

浦水无声黯淡天，同哀公逝断尘缘。
饱经忧患前朝事，幸得和谐晚景年。
翰墨钩沉吹鼓手，新声创作仗吟鞭。
难堪痛失殷勤笔，短哭长歌祭尔仙。

醉花阴　读紫枫《情爱诗札》

半百年华缘份够，情爱还依旧。专一是初衷，月下花前，两颗真心彀。　纤章巧句诗灵秀，解语人相逅。蜜意又柔情，我我卿卿，云水相思透。

杨云

登贺兰山

叠嶂关山几万重，奇峰拔地势凌空。
登临漫步云间路，离去回眸岭上枫。
丽日晴烟笼天寺，青松碧水绕仙宫。
参天大树全成笔，难绘峥嵘各不同。

杨云

游园

西园五月百花繁，用尽丹青图画难。
花叶摇红香气远，林岚浮翠鸟声欢。
湖光闪烁鱼穿水，柳影婆娑蝶戏兰。
霞蔚云蒸收眼底，欣将春色入毫端。

杨云

琴心

清辉淡淡洒窗前，一缕闲情诉几弦。
脑畔沉浮思往事，指端急缓忆流年。
人生短暂多少路，吟咏长留来往篇。
抚尽阳春歌白雪，欣观凉夜月团圆。

纪少华

红叶

浮青褪尽显真红，不与盆花相艳争。
喜得寒山诗一叶，书斋十月起春风。

纪少华

三折瀑

碧流三折下山巅，拨动古琴天籁弦。
有异行之求跌宕，无常落处是登攀。
峰回竹茂涛声里，路转兰开雪浪边。
美景移情情亦景，人生写在断崖间。

纪少华

杜甫草堂

辞秦一路色凄凉，入蜀临溪盖草堂。
乞受桃苗栽绝句，移来桤木品茶香。
圣人常陷穷人窘，曲道终归正道长。
秋兴吟成诗不朽，白茅应借美名扬。

菩萨蛮　松花江雾凇

天庭玉女临凡界，柔姿丽态仙飘曳。洁白拒风尘，清高守玉身。　　江澄绡雾起，柳灿琼花密。醉笔忆芳颜，依依雪岸边。

辛卯祝岁词

岁末辛盘歌岁丰，南薰洋溢乐其中。
已知来日黄金贵，欲献微芹腹笥空。
一册新书身尚健，三行短语意难穷。
年年总把心香爇，自笑天真似玩童。

注：拙校《楚石北游诗》节前问世。

漫兴

人生陌路各匆匆，左右交融气自通。
天或迷蒙难找北，水虽洄溯总归东。
起居已得平安日，园圃容吹淡荡风。
眼界宽时寰宇小，离愁深处喜相逢。

清晨谷雨潭

仰看山云若有龙，俯听溪瀑自叮咚。
兹游浪作烟霞客，陶醉鸡鸣狗吠中。

游天目山得句

春游前夜

花开满陌鸟间关，梦寐先驱到碧山。
行处即搜鲜活句，归来新浪网中传。

入天目山

参天毛竹不知龄，剥笋千家人坐庭。
想象他时快餐箸，即为此日眼中青。

山下饮食

山下农庄倾酒杯，暮春亭午意徘徊。
微醺走入山怀抱，杜宇身前身后开。

辞别东天目山

东天目里白云闲，临别翻腾我似仙。
是处青红看已遍，移情别恋向他山。

贺新

张才得

相逢虎兔又新年，醉酒谈诗过大千。
眼底雪寒犹纬地，望中日照可经天。
雄文荡气堪娱老，好句回肠且放颠。
佳话谐和非是梦，丝丝暖意写春笺。

西湖初春行

张才得

湖边春意渐丰盈，白玉兰香魄似冰。
水面空蒙沉就碧，峰岚隐约淡于青。
三潭涨渌人呼月，十里萌黄柳唤莺。
试把风光酿作酒，醉成西子倩扶倾。

平湖市东湖李叔同纪念馆

张才得

一袭袈裟白璧拥，莲花浮出水溶溶。
街衢披发狂徉走，桃李盈门风谊从。
为艺为文留倜傥，在儒在释启朦胧。
悲欣交集飘然去，《送别》人间唱未穷。

鉴石吟风五首

陈洪法

品玉对弈

心醉千回梦，茶醺一局棋。
纷纭观世态，险绝有谋思。
往事飞涛滚，前程纵马驰。
人生知苦短，品玉论禅诗。

十二生肖石

龙腾蛇舞狗猴迎，虎啸鸡鸣牛马耕。
兔鼠猪羊欣共处，地球村里颂亲情。

数珠观音玉佛像

默祷慈悲捻佛珠，心魔涤净化莲湖。
欣观妙相生虔敬，慧福长施得宝瑜。

玉蝴蝶　双喜富贵

和风撩起春光，日丽巧梳妆。蝴蝶引娇娘，寻花出院墙。　　牡丹真富贵，绽放喜成双。倩影逗心房，透帘闻远香。

生查子　题紫葡萄玛瑙

盛年玩赏时，玛瑙招人诱。卓荦紫葡萄，试问谁家有。　　晶莹剔透观，妙出神仙手。颗粒赛金丹，一夜乡情酒。

泰州感怀并纪念范敬宜宗叔

沪上几回梦泰州，凤城丽景豁明眸。
文堂[illegible]五株树，[illegible]楼。

注：文会堂乃范文正公与滕子京唱和会文之地，有冬青枝连五铢，状似掌开，以喻曾在泰州任官的宋朝五相。

读敬宜宗叔望海楼赋，步前韵

当年泰学启神州，陈迹江淮半入眸。
望海宏文擎巨笔，如同再记岳阳楼。

注：泰州儒学盛行号称“泰州学派”。

悼念敬宜宗叔，用前韵

人龙麟凤出苏州，道德文章世共眸。
唱和几期获珠玉，归西骑鹤叹空楼。

注：宗叔多次电话谈及诗词唱和可提高诗艺。

谢泰州观澜宗兄邀上电视台讲学，用前韵

一

常闻海客说瀛洲，自喜持觞笑醉眸。
十载天涯芳草梦，痴情原不在红楼。

二

曾经万里绕中州，半卷诗书枉凝眸。
忽听春雷惊笋出，新篁百尺压危楼。

龚家政

沁园春　南京

五都之列，两京之一，石头城高。是东南形胜，民丰物阜；川原际会，云涌风嚎。吴晋樯帆，南朝舞榭，洪武天王民国潮。英雄地，历兴亡十代，铁马弓刀。　　城头变幻旌旎，谁信得秦淮王气消。看一江横贯，天成北界；三山散落，地尽东皋。金粉楼台，酒旗烟寺，那敌中州虎旅镳。从今后，合登高指点，说古听箫。

㊟: 南京为十朝故都：孙吴、东晋；南朝宋、齐、梁、陈，五代十国时南唐，明初、太平天国、中华民国。

颜志忠

玉米

谁起珍珠雅乳名，满身裹甲冠垂缨。
秋来令下开营帐，向右看齐正阅兵。

颜志忠

灯笼

檐下堂前点点红，当年伴我月朦胧。
手提一杆求新路，不去因循照“舅”公。

颜志忠

西安碑林（新韵）

扁砖圆石有龙飞，留住沧桑几万回。
拓片一张催我返，好悬蓬荜早生辉。

颜志忠

宁波天一阁

油墨香中见圣贤，风骚守望脉承传。
功归范氏家规铁，挡雨驱风四百年。

钱乃荣

咏花词

采桑子　咏腊梅

平生最爱凌寒质，清淡姿容，玉妆香浓，正色亭亭沐朔风。　　蜜心历岁偏先展。金萼难逢，韵味无穷，相拥犹须天竹红。

菩萨蛮　咏水仙

婷婷玉立檀心展，灿黄嫩白葱青满。岁岁伴书香，浓情冰雪妆。　　簇簇多清健，相约频频看。妙境在凌波，仙根耐琢磨。

长相思　太阳花

色飞扬，态飞扬，面对阳光一片芳，天天新换妆。
快意长，惜意长，岁岁夏时缀满窗，无她便寂凉。

浣溪沙　咏红薇

夏日何时最静娴，大雄殿下望娇颜，红茸金缕锦团团。　　洁白细腰娟秀挺，芳蕤濛溟向风颠，条条翠羽拨人弦。

诉衷情　咏月季

[illegible]易轻红。　　花卷瓣，叶摇风，影憧憧。艳如春日，香越夏荷，挺直从容。

静夜思

浮生惟一瞬，明月自千秋。
愿照我之后，人间无别愁。

小景

薄烟笼小村，细雪湿黄昏，
幽径讶花簇，迎人报早春。

春来漫思

春来何处不飞花？一样东风拂万家。
柳下遥看君去远，天涯又被暮云遮。

新年感言

又是春风三月三，近观碧水远观山。
一生唯淡蹈千浪，半世履艰过万关。
遥指前程情跃跃，何思往路泪斑斑。
桃花源里雪初霁，旭日新晴更好看。

沁园春　初冬白堤漫步

漫步白堤，甫起寒风，落叶舞飘。望雷峰耸立，斜晖映照；三潭静卧，薄浪轻敲。点点扁舟，粼粼波影，西子依然分外娇。平湖眺，享山光水色，醉在心梢。　时光逝去如涛。念往昔，初临杭埠郊。正少年气盛，北峰独上；凌云志壮，绝顶抒豪。半纪奔波，江南塞北，何计功名青史标。当堪慰，固心怀坦荡，海阔天高。

踏莎行　游瘦西湖后四日游西湖

江北江南，或肥或瘦，碧波一样玲珑透。水光山色映琼宫，玉环飞燕均称秀。　名士麇居，骚人铺绣，文明积淀皆丰厚。欧公堂与远山平，白苏堤上莺穿柳。

八大山人

黑鸟霜眸石上愁，江天萧瑟淡如秋。
至今八大无人识，生不拜君千古流。

注：朱耷自题"八大山人"，如"哭之""笑之"，至今无人识之。

潘天寿故居题

雷峰寿者耸山头，万里江天出小楼。
璞玉浑金王不识，荆虹却敌十徐州。

吴冠中

君子脊梁昂九秩，五方斗室宥才思。
恣心色彩乡间树，刻意墨痕城际池。
出语炎嘲宋之问，入文凉讽魏公祠。
光天化日提灯觅，秋实春华茶写诗。

诗二首奉寄刘伯农胡文燕画家

台湾高雄画家刘允亮字伯农、海上画家钱定一字夷斋，两人后先为吴子深先生入室弟子也。昔日，伯农尝问画于张大千，又与当今画坛大家鱼饮溪堂谢稚柳、高花阁主陈佩秋夫妇为师友。余先闻其名于高花阁，今秋，刘伯农、胡文燕夫妇于上海刘海粟美术馆并办画展，由是相见，遂定翰墨之交。日前，伯农两度邀余至青溪堂畅谈艺事，欢若平生，又继夷斋画卷后为余制“娱信书屋图”，感而赋此三绝句。时庚寅年冬十月初十日，正平周宓题记。

一

高花阁里属佳宾，鱼饮大千也问津。
谈到子深情切处，应知桃坞有传薪。

二

一支妙笔出凡尘，宛似黄筌写锦春。
却向元贤师董巨，香光居士自精神。

三

青溪堂上墨犹新，娱信书斋竟日陈。
谁识南台图画客，申城独坐此何人？

水龙吟　观南非世界杯

足坛豪宴连连，凌晨彻夜人无倦。桑巴欢舞，雄鹰折翅，虎狮悲叹。圆月弯刀，箭穿门洞，整成弥漫。憾马家军败，战车碾轧，无敌手，期冠冕。　　漫道如烟往事，看前朝，墙颓垣断。豪强沦落，叶秋尽扫，江山轮转。南南风光，欧洲胜景，却为难选。惜天天痛饮，朝朝醉酒，惹娇妻怨。

点绛唇 咏荷

洁雅飘裙，亭亭出水清风舞。群芳共妒，常惹莲心苦。　　俗淖欲污，恶语还来侮。添愁绪。娇柔无主，清白能留住？

鹧鸪天　叹地铁上班族

沐雨披风为月供，踩霜冒雪盼年丰。春秋冬夏无闲日，南北东西类转蓬。　　江鲫涌，豆芽丛，来回地铁叹匆匆。宵斟苦乐杯中酒，寻梦还乡醉一通！

辛亥革命一百周年缅怀孙中山先生敬次其《刘道一》遗诗原韵

一

扭转乾坤命世雄，手埋帝制气横空。
驱除鞑虏究群力，唤起黎元奔大同。

为免瓜分饲饿隼，且教鼓噪醒栖鸿。
缔盟结社何为首？天下唯知应属公。

二

崛起蒿莱几个雄？洪扬草草霸图空。
卅年革命心先瘁，半世飘蓬梗略同。
联共联俄悬隼鹄，为民为国吊归鸿。
而今华夏开新纪，放眼湖山倍念公。

元黄公望《富春山居图》

袁定璇

水墨传神稀世珍，那堪流散烬余身。
他年璧合珠联日，一脉山川处处春。

水仙

袁定璇

风姿脱俗不沾尘，淡淡梳妆别有神。
陋室赖君添意趣，芳馨许是报新春。

牡丹

袁定璇

前游皖南，见当地农村广种牡丹，时逢谷雨，万花竞放，灿如云锦铺地，令人奇绝！问之，乃知牡丹之根皮即中药材丹皮也。

人间漫誉百花王，自守清纯伴稻粱。
无意华堂争国色，此身早已托岐黄。

观荧屏元宵文艺演出颁奖晚会

王伟民

荧屏围看闹元宵，座上人人头乱摇。
小品公评叹粗陋，大旗谁举定低高。
奇装异服非妖怪，秽语狂言宁杰豪。
娱乐圈中多隐秘，可知众目察秋毫？

黄兴公园谒黄兴铜像

王伟民

惊雷乍响亮点钩，速取东南数十州。
既扫腥膻覆帝制，又诛盗贼护金瓯。
英雄鹤驾山河泫，声望香飘天地留。
铜像威仪多浩气，献花童叟竞歌讴。

雁荡大龙湫

信步雁山日已斜，龙湫流水响清笳。
茫茫云海舒千目，阵阵松风吹万家。
银汉倒悬披粉黛，珠帘漫卷浴烟霞。
东南形胜真奇妙，纵览骋怀实可夸。

登江南长城后游东湖荡舟

锦簇江滨万象收，听泉观瀑乐悠游。
杯浮太白生奇气，目送归鸿渡远秋。
不尽苍松迷醉眼，无边芳草畅吟眸。
此时高唱长城曲，好泛东湖浩荡舟。

注：浙江临海有江南长城，对面便是东湖公园

咏牡丹

祈福

春色融融沫日阳，秾妍四月牡丹香。
人间富贵何时觅？无不勤劳靠自强。

新春布室

爆竹催春春已逾，新辰新岁事无虞。
寒居如不佳芳伴，志士荣华何可图！

岁首献辞

莺啼燕语又新春，百岁今多百岁人。
富贵何如穷健好，无忧银发乐清贫。

丰泽二十年祭

君书笔墨久尘封，永隔人天恨万重。
二十年来浑似梦，蓬山何处觅仙踪？

齐天乐　登黄岗山并序

黄岗山在赣闽之间，属华东六省最高之峰。东南形胜，势拔海天。山顶草甸深广，为南国所罕见。顷自山归，图而赋此。

山之高处雍而泰，沉沉紫茵天盖。铜脊绵延，铁肩疏

息，竹树葱茏荟蕞。奇峰何在？但绝顶如荑，白云如绘。吐纳之际，教人何处说豪迈！　　虹霓片刻七彩，日光须大白，任性挥洒。有意飞花，无情流水，宛尔天人无界。跫音謦欬，对万籁微茫，寸心何快！词亦然乎？问苏辛一派。

鹧鸪天

周阳高

雨霁风凉伫晚霞，夕阳无力透纱窗。翻然有梦三盅酒，行止无聊七碗茶。　　重九夜，月西斜。海天无际读南华。腹圆难共时宜合，髀肉复生未足嗟。

唐多令　展望“十二五”

周兆蟾

号角响东方，升帆再起航。唯特色，续绽芬芳。实践增知兴内外，翻新页，主题彰。　　主线创新煌，民生革旧章。凝众力，正道沧桑。低碳城乡生态美，和谐曲，越洲洋。

小重山　雪后百花香

周兆蟾

晨起推窗望远方。漫天飞大雪，白茫茫。多年少遇此风光。逢两会，瑞雪兆丰煌。　　议政纳箴良。为民温暖送，保安康。阳光普照化冰霜。新期待，雪后百花香。

咏长寿县崇明

马光斗

崇明宝地风光好，万紫千红入画图。
花木繁荣存候鸟，碧波荡漾跃游鱼。
隧桥衔接工程大，邻里和谐情义殊。
旅客莅临长寿县，喜看孤岛变通途。

游普陀山感赋

马光斗

普陀山上好风光，拔水腾空擎上苍。
南海观音神力大，西天菩萨法规强。
龟牛坚硬磐陀固，花卉繁荣古树昂。
梵宇众多科目广，游人盈岛志如钢。

倡廉歌

周华

头戴乌纱手掌权，为民理应作清官。
奉承拍马陷泥井，苦口婆心纳谏言。
廉洁秉公须永记，贪污腐败莫沾边。
包公正气颂佳话，海瑞芳名万古传。

自度曲　当官手莫伸

周华

最近，重读了陈毅同志的古诗《手莫伸》，感慨万千。特赋诗一首，以表对他一生清正廉洁的敬仰缅怀之情。

青云直上，官运亨通。朝暮有求者，人来手不空。歌厅、舞女、酒吧，乐在其中。吃的是“公”，玩的是“公”，拼俐几方儿。　　牢记陈毅名句，“手莫伸，伸手必被捉”，贪官法不容。劝君须自律，莫持乌纱换囚服，莫作害人虫。

迎春放歌

赵继松

云间文艺集诗歌，妙笔生花新韵多。
慷慨秦腔讴渭水，激昂豫调唱黄河。
吴音缭绕江边柳，越语轻柔海上波。
下里巴人朝日暖，阳春白雪晚风和。

闹元宵

赵继松

城隍老庙闹元宵，凤舞龙翔九曲桥。
天上嫦娥抛玉镜，池边倩女映琼瑶。
重楼霓彩明如昼，深巷人流拥似潮。
夜挂灯笼红胜果，金猴火眼认仙桃。

梦游世博园

李枝厚

盼望三千日，魔缠无力观。
朝朝寄医病，夜夜梦游园。
憾失百年遇，幸瞻千世传。
皆夸今日美，更好在明天。

注:千世传，指从报刊、电视上看到古今中外奇珍等精彩世博画面和信息。

李枝厚

谢莫林大姐赠诗集

诗如大姐人，含蓄又多情。
思巧意高远，韵浓言益精。
梅花凝热闹，沃雪润无声。
耕播不知老，冰心当照明。

注：莫林大姐喜爱梅花，书房题名《梅庐》，每年元宵邀友到她的《梅庐》吟诗唱和。

何积石

无题

抛却烦心自作真，不妨涂抹写精神。
千山万水眼前涌，装点寒门胜过春。

何积石

华宝斋纪游

赚取真情到富阳，坐收山色入心房。
因缘偏好书林醉，红叶续成说短长。

何积石

红荷

道破沧桑底事同，倾心自命意无穷。
江波大度分明绿，烟雨多情点缀红。
肮脏从容天地外，优游颠倒古今中。
可怜坐待平生许，信有来年会好风。

何积石

砚边拾趣

问道经年笔墨知，胸中豪气发新奇。
了观万象春秋辨，解语半生南北思。
过眼烟云惊起伏，断肠意趣总相随。
安能狼藉成图画，太息于今赚小诗。

胥鸿程

不倒翁（新韵）

八面玲珑不倒翁，任人推搡乃从容。
坚持站立心中策，权握方能一世荣。

庚寅秋赴海岛，老友半零落感而记之

一

华梦今宵临海岛，秋高气爽正花娇。
平生失意多少事，化作霓虹到九霄。

二

今朝华梦到君旁，云淡天高降冷霜。
心似春潮多少话，枕边倾尽泪千行！

贺校庆，忆师恩

琢玉传薪德最尊，绕墙桃李拱师门。
寒宵问字灯无色，白屋修文墨有痕。
前路风霜常凛凛，赵园花木总温温。
[illegible]

注：母校行知中学为陶行知先生创建，已走过70年历程，人才辈出，影响深远。

奉和退密宗兄辛卯祝岁词步原玉

米寿流光何太匆，般般往事感穷通。
无文少学惭师表，右派加冠震亚东。
甘雨自非同苦雨，恶风过后便和风。
养生韵事期追骥，盛世辉煌喜共逢。

注：余今年八十八岁，人称米寿。

退密宗兄寄示《三不休》诗十二首次韵奉答，不计陋劣乞郢正

一

敲诗求善再而三，一若天孙织锦衫。
线线针针如字句，些微差错不心甘。

二

近年诗友只余三，都是文坛旧布衫。
近况探询凭电话，健康互报饭能甘。

三

寄语中枢思复三，全民虽已脱穷衫。
除虫仍属燃眉急，莫使蔗枯永失甘。

浣溪沙　题萧山临浦周氏族谱

徐仁初

同姓何分远近宗，植根都在地球东，濂溪细柳两名公。　　曾有家乘遭浩劫，续修头绪已无从，惟留清白继高风。

千秋岁　周总理诞辰献曲

徐仁初

日高春暖，上寿周公诞。东海上，蟠桃宴。同袍齐聚首，欢论当年剑。来学友，小平拱手知音唤。　　豪气凌霄汉，拨乱清天返。斗内奸，消冷战。如磐基业建，砥柱横流挽。当进酒，恩深总理千秋感。

诗品钱行健老师禽鸟图

楼灿钿

地鸫图

苍茫草地起微风，一鸟幽幽落石中。
飞去飞来善鸣叫，管他春夏与秋冬。

小雀图

啄食昆虫情独钟，灌中自恋护芙蓉。
如天使引花儿笑，更催苞蕾日葱茏。

啄木鸟

高飞低掠不论酬，勤奋辛劳誉满球。
利喙明眸善搜捕，护林使者美名留。

白雁图

商隐留诗百代循，自尊三五亦成群。
芽叶根茎空染翠，一摇红冠即为云。

早春晴雪

李铎

杨柳春风扑面来，晴空丽日照楼台。
纷纷细雪枝头坠，疑是梨花满树开。

亲家七十华诞志贺

闲居旧宅胜华楼，喜把布衣更锦绸。
宦海因知多浊浪，儿孙何必觅封侯！

无题

风顺白帆扬，雨稠黑伞张。
欢愉日犹短，孤寂夜偏长。

偶成

儒商重德苦营生，诚信为源心境平。
政客经纶弄权术，文人翰墨古今情。

偶成

儒商重德苦营生，诚信为源心境平。
政客经纶弄权术，文人翰墨古今情。

新春吟

笔下乡思已发芽，无边绿色寄回家。
牵来春水当归去，可盼青云也映霞。
风过应怀原上雪，竹摇更忆梦中花。
兔歌悦耳申城醉，除夕烟花伴酒茶。

沪上春雨

大野飞尘一洗空，软风酥雨又朦胧。
竹声摇曳吟成曲，塔影浮沉幻作虹。
花树千潮人迹湿，江楼万缕梦痕浓。
纵然春韵莺衔去，犹在轻烟岸柳中。

卜算子　故土

话别梦依稀，白发添愁缕。故土春颜笑我痴，步步频相顾。　回首忆油田，歌满征途路。号角秋歌塔上声，问我来何处？

张林

世博中国畅想曲

诗意栖居话园林

亭台楼阁稻粮鲜，小桥流水芦荻湾。
人在画中浑不觉，鸟语花香喜欲癫。

访古清明上河图

宋代汴京上河图，城乡一体称大都。
中西融汇丝绸路，临河欢聚有酒沽。

和谐桃花源

颠倒塔宇龙之冠，斗拱榫艺鲁班传。
地上桃源天上梦，月宫嫦娥慕人间。

黄诗俊

世博会观美人鱼遐想

一

老夫久仰美人鱼，近睹芳容在展庐。
何故面呈忧郁状，莫非背井悔当初。

二

侬是龙王几闺女？孤栖丹麦做“人鱼”。
久关海底生宫怨，乐享人间幸福居。

潘弘萍

观翰墨

冷月落花溪，移舟惹鹤啼。
残春扬柳岸，过客伴风嘶。
遥望家山远，谁知易水凄。
相思留翰墨，执笔又无题。

潘弘萍

无题

近来少趣懒寻津，总是几由锁浅颦。
几上诗书尘暗染，多情因笑我闲身。

潘弘萍

诉衷情

蛩机凄切暗霜催，斜月映空帏。举诗欲读无味，讷讷已神飞。　　天角白，雀声回，客无归。拦清风寄：不论天涯，只与君偎。

读某吟长七律有感

落魄江南事可伤，歌声犹记动华堂。
陈琳有笔充弦箭，陶令无腰折稻粱。
脊骨经权休扭曲，草花撩眼岂迷茫。
新词吟到肠深处，莫憾人间有暖凉。

注：某吟长于席中遇文革名人某，忆及数十年事，感慨不已。成一律，吾亦感慨赋之。

天安门立孔子塑像有感

一

从佛心成儒佛中，丛谱人士折腾中。
曾闻庙里金身破，今见殿前香火红。
果腹尚须安慰剂，张弓教扫害人虫。
愿祈从此干戈息，长保和谐四海同。

二

夫子凄惶运转隆，广场犹得铸青铜。
功碑历劫纷纷碎，族墓经翻一一空。
上网每愁文革至，写诗还恐右倾封。
好生安置毛和孔，莫使相争斗不穷。

新年杂感（新韵）

回首一零泪欲潸，呼天抢地保人权。
世博美景未曾改，楼火大悲不忍看。
憔悴少陵诗做伴，迷茫罗素论司南。
此生飘落知何处？惟愿与君共泰安！

注：罗素论司南，指罗素的《我为何而生》的散文，给我一种人生指南的感觉。

日照万平口观海

万平口岸碧连天，泛起涟花溅脚边。
堪喜轻舟兴浪劈，作鸥一去化飞烟。

张志康

崂山悬栈远眺

落叶沙沙近晚秋，嶙峋乱石立前头。
且凭斜径提心上，悬栈波平一望收。

张志康

威海渔市

沉沉暮色漫滩边，林立桅杆欲刺天。
当日捕来全脱手，乐颠饕客待升烟。

孙 谦

寒窗苦（新韵）

战乱童年恨夜长，暴风斜雨入寒窗。
阴云突变贫如洗，戴月披星苦尽尝！

孙 谦

乾陵无字碑

他碑凤舞意书狂，武曌陵碑墨莫扬。
功过是非谁去问？重尊历史不商量。

霜林集叶

田遨诗词选

世相篇

一

少女杀生母，亘古未曾闻。
犯罪低龄化，肘腋有狼群。

㊟：报载：少女恨其母管得严，竟杀其母。

二

工程豆腐渣，奶粉害娃娃。
假官护假货，自应丢乌纱。

㊟：大头奶粉、假粉丝、假酒假药，屡禁不止。

三

耕地变荒地，说是造大楼。
似闻荒地哭，杂草风飕飕。

㊟：报载：荒地闲置数年，已不适宜耕种。

四

一条皮腰带，揪出一贪官。
贪官必被捉，偶然出必然。

㊟：小偷从窗口偷去裤子，掏出裤袋中现钞将裤子扔掉。小孩拾到裤子交给民警，派出所从腰带夹层中发现巨额存折三张，使贪官败露。

五

吹牛不上税，牛皮信口吹。
形象工程在，妄作记功碑。

㊟：报载：有的形象工程，欠债数十年还不清。

六

或集资肥己，或变公为私。
检举逢崩厦，独木实难支。

㊟：出头检举者常常碰到压力。

七

有人忙助学，有人忙扶贫。
上拨救灾款，挪用又何人？

㊟：地方主义为害不小。

八

释放见潜力，释放出贪求。
人性含正负，疏导仗宏猷。

注：所以要两手抓也。

老境

老境新天地，朝朝闲里忙。
狂情唯笔砚，短梦有沧桑。
隐秘多能悟，尘纷偏易忘。
白头也堪喜，不傻不荒唐。

呈吴孟庆馆长

孟公谈笑语生春，枉顾寒斋意倍亲。
教义宗风来紫气，文心史笔见丹忱。
诗情乙乙迎花甲，掌故多多记秘辛。
老我自知难远涉，只应余热逐征尘。

和退老人日诗

犬年犬是吉祥物，人日人迎自在春。
此日见公才气壮，新诗示我性情真。
光阴逝水三嗟惜，天地蘧庐一欠伸。
幸是芳时群卉动，正堪击壤寿尧民。

金缕曲　手

——逸明兄见示《手》词，喜其颇有新意，因和作。

手生来拙。看旁人、会捞会算，手头阔绰。十指如椎应自笑，只讨笔端生活。一任它荒唐奇谲！如此半生爬格子，终爬了碍眼书千页。写写写，鸿爪雪。　人能用手乾坤阔。一动手可绣凤凰，可铸钢铁。艺术文章来我手，敢止批风抹月？还有意发挥余热！举酒相招人未老，喜我辈尚有灵珠握。同抚掌，同拼搏！

鹊桥仙　太湖石旁留影

石顽如我，我痴如石，偶尔相逢一笑。石兄怪我太温存，我也怪、石兄孤傲。　　云根万古，人生短暂，难得同窗留小照。相依相契霎时间，便抵得、天荒地老。

金缕曲　九十初度

苦乐知多少？算平生，几经战火？几经风暴？劫后余生才站起，已是颓然一老。总耐得，无端纷扰。幸遇承平膺后福，又从头拾起零星稿。闲不住，瞎忙好。　　人生如走盘山道，一路上，雾里迷茫，晴时呼啸。爬过陡坡高处望，喜是仙山缥渺。中传出，歌声袅袅。似有云端人唤我，道峰头空旷宜凭眺。忙回答，我来了。

江城子　重庆赵家怡词长寄示《南村集》读后奉寄

南村一集水天遥，走京郊，泛兰桡，域外行吟，几度涉风涛。赢得新诗囊箧满，还添了，气雄豪。　　落花一唱劫痕消，酒频浇，韵频敲。浩淼江湖，处处写心潮。料想蜀山三五夜，直唱到，月轮高。

一剪梅　岭南何永沂先生寄示《点灯集》读后奉寄

我是何人自掂量，不涉官场，不涉商场。词场虽好太荒凉。我自清狂，君更清狂。　　从医从艺两头忙。医是当行，诗是当行。诗中随处见投枪。一寸灯光，万丈心光。

清平乐　新春有寄

一

鸡年大吉，电贺开门喜。一句平安情几许？浓缩千言万语。　　有人问我年轮，笑言老树逢春。总是青年视角，江山万古常新。

二

岁朝清供，微觉瓶梅冻。写赠一枝香入梦，中有真情传送。　　年年枯寂生涯，不辞淡饭粗茶。蓦地倦眸开处，诗神笑倚梅花。

三

白云苍狗，鸡唱兼狮吼。昨把冬翁刚送走，今看春姑开绣。　　新春口彩如何？算来期待多多。最盼三壶相属，数杯三酉高歌。

注：三壶，传说中三仙山，即方壶、蓬壶、瀛壶。见晋《拾遗记》。这里用“三壶”有引申义，并与下文“酒”有关，三酉是酒，即三点水加酉，见明《留青日记》。

清平乐　十笑词

一

糊涂一笑，自笑书生老。守拙一生偏笑巧，更笑痴情未了。　　拈花一笑弥陀，千金一笑娇娥。更有婴宁笑女，笑中寓意何多。

注：婴宁，《聊斋志异》书中篇名，婴宁善笑。

二

会心一笑，一笑心相照。笑似春来花朵俏，笑出温馨情调。　　笑中自有和谐，洒然笑口常开。请看盈盈笑靥，两弯眉笑传来。

三

一番狂笑，笑得何高傲。笑觑俗情堪绝倒，笑那求签拜庙。　　不曾谄笑求人，却曾玩笑招嗔。嬉笑冷嘲怒骂，不如浅笑生春。

四

有时傻笑，笑笑能年少。好似澳洲听笑鸟，笑得莫名其妙。　　笑听笑话三千，笑听废话连篇。我却无心笑谑，弹琴又笑无弦。

五

使人苦笑，笑煞闲争吵。无事生非添笑料，可笑自寻烦恼。　　笑他信口牛皮，笑他蚀米偷鸡。一笑般般蠢事，到头啼笑皆非。

六

耍奸偷笑，可笑贪和盗。笑骂由人捞一票，笑是黄粱一觉。　　笑他爆响成灰，笑他欲赚反赔。另有更堪笑处，有时鬼笑钟馗。

七

旁观冷笑，笑彼钻圈套。笑看破财还傻冒，又笑装腔狂叫。　　笑他烂纸充钱，笑他豪赌崩盘。造假终成笑柄，笑他过海瞒天。

八

无端哭笑，哭笑兼长啸。笑把沧桑看个饱，哭笑心情谁晓？　　而今一笑双赢，不须佯笑虚情。试问笑颜几许？万花含笑相迎。

九

对君微笑，一笑人缘好。微笑外交清海表，微笑经商是宝。　　笑时幽默轻松，笑时海阔天空。笑可消除芥蒂，笑中智慧无穷。

十

哄堂大笑，笑得门窗跳。甜到心头呈笑貌，笑是太平征兆。　　笑时泯了恩仇，笑声传遍全球。此笑何时实现，到时笑试歌喉。

风云酬唱

华章颂寿

祝祖刚诗家百二寿

田遨

蟾宫试下吴刚酒，来祝人间矍铄翁。
百二遐龄天所赐，一双仙眷乐相同。
胸藏玉宇三千界，笔挟珠峰九万风。
海屋添筹今后事，预期诗历记新功。

人瑞一首，次田老韵祝吴老祖刚百龄晋二夫人万心慧百岁初度

王瑜孙

人瑞有非人力致，河清喜见濯缨翁。
百龄共享齐眉乐，举世难求比翼同。
为有襟怀多淡宕，自将谐趣寄新风。
神州仰望团欒月，闲里还思伐桂功。

贺吴老祖刚百二岁双寿

徐仁初

江南诗礼降人瑞，祝贺延陵百二翁。
高弟三千杏坛拟，清词累帙网珊同。
吟怀终古珠峰雪，啸傲寰瀛世纪风。
今日吴刚酾寿酒，姮娥同喜庆新功。

西江月　忍庵吟长以佳诗贺我百有二龄敬以芜词言谢乞正

吴祖刚

诗道春秋觚笔，遐龄八九青松。门墙桃李满江东，矻矻古为今用。　惭愧鲰生野叟，半江拜蹑高踪，今承嘉勉感殊荣，自觉年衰任重。

西江月　答谢徐仁初和一阕

吴祖刚

黄岳薰风世泽，海云白雪诗声。齐眉兰桂喜盈庭，龃祝国恩家庆。　拜揖半江风月，《夜光》叨获馀明。交情肝胆感平生，共跻遐龄深幸。

初雪抒怀

今冬初雪有咏

朔风似怒涛，行见一年消。
晓日来窗晚，江波入海遥。
酒无春梦作，书有故人招。
夤夜徘徊久，为吟飞雪飘。

初雪次韵德俊兄

惊风乱翠涛，蓦地暗云消。
柳絮千层密，梨花[illegible]色遥。
[illegible]
可惜多无暇，横窗寂寞飘。

步石生兄咏雪诗

天北压云涛，虹桥雪未消。
诗存珠玉落，心赏杏梨遥。
风雅何时绝，骚魂久不招。
殷勤君唤意，启我絮思飘。

依韵和石生兄

暗云平霭涛，万籁此俱消。
雨片从云降，雪花任路遥。
曲高难唱和，酒远未爱招。
观景窗棂外，书香陋室飘。

骊歌三叠

送思和兄赴香江

一

高空长咏足风流，忙里偷闲逐日游。
百十江山收眼底，万千思绪上心头。

人行孝道朱黄品，笔走文坛巴老俦。
待到申城梅雨歇，再联佳句醉汀洲。

二

似水韶光镇日流，从心所欲始闲游。
相交五载花扶叶，酬唱三番石点头。
文里师徒幸有道，诗中你我惜无俦。
曲廊堂庑皆过尽，对酒当歌白鹭洲。

三

扁舟一叶逐波流，如寄浮生天地游。
运蹇十年沉浪底，时来半瞬出江头。
论文修史君无匹，对酌清谈我有俦。
莫谓武陵幽径窄，桃源深处见芳洲。

和中行三首，兼呈思和

一

大来心肺已三流，万里凭君南海游。
故国烟花羚挂角，书生意气雪堆头。
紫荆书剑逍遥客，贝叶沙虫酩酊俦。
道是光阴驰白马，闲将文字韵中洲。

二

几人赋得水西流，能有悲心物外游？
疏雨细驴秦岭麓，簪花胡骑曲江头。
平湖有月须臾缺，碧树无情终古俦。
最是雎鸠声里聚，蒹葭一水水漫洲。

三

绀弩斗方清泪流，达夫万里纪诗游。
平生知己挎羊角，天下文章始凤头。
精气别裁唐马态，海量直与汉壶俦。
听君今日歌三叠，浑若前生鹦鹉洲。

三以书房

"三以书房周年志贺"诗集序

静安长乐路一隅，有书房名曰"三以"。初不知其意，询之，乃告：以书会友、以友辅仁、以仁济众。余拊掌而譆曰：善哉！此真知书者所为也。

一日过其宅，见明窗净几，小庭曲廊；瑞脑金兽，四壁书香。登堂而入室，则诸子或正襟谈儒，或潜心学佛，或坦腹论道；亦有品茗围棋、抚琴泼墨者。诚可谓：结庐在人境，却无车马之喧；延师于案前，常得顿渐之悟。

或问：此非“无论魏晋”之桃花源乎？答曰：否，否。书房之内，藏龙卧虎；志在千里，积此硅步。出则为商，入则为儒。儒商之谓，不亦宜夫？

无何，余幸为设教席于其间，讲诗律词法。自古体而律绝，自律绝而小令长调。时历秋冬，学有所悟者共得八子：傅震得其深，宁疆得其劲，刘梅得其韵，刚强得其智，苏南得其变，郁红得其法，以良得其成，金莎得其门。而余亦得其乐也。

今者， 书房届周年矣。余曰：盍以“三以书房周年志贺”作藏头律，不亦盛事、雅事乎！八子欣然命笔。余及余从水敖、鹏举、冰雨亦襄其举。事成，傅丁嘱余为序，余不能辞，谨以数语应命。

胡中行

三生万物亦生神，以雅为媒见本真。
书里涛声心里海，房中文韵意中春。
周遭无奈呈纷乱，年月如何致朴淳？
志显道同同励志，贺诗相勉自相亲。

褚水敖

三生万物为刍狗，以沫相濡小逗留。
书最销魂时盗梦，房才饶竹半分忧。
周天数度归前宿，年味今番向淡秋。
志未如人堪自笑，贺来不觉雪堆头。

陈鹏举

三尺讲台说纵横，以身育德勿需评。
书香小巷风飘远，房静深山月照明。
周遍繁华楼耸立，年成丰硕鼓长鸣。
志同仁义共携手，贺此华章万里行。

刘度权

三余有味案无尘，以切以磋久更亲。
书上鸿文千古粲，房前绿树一排陈。
周遭堪喜欲牵手，年岁偷添快读身。
志同道合真乐事，贺诗一首愧难醇。

许冰雨

****

胡中行

三十功名土与尘，以文来此佛缘亲。
书逢知己百回读，房为痴情四壁陈。
周末犹调平仄句，年终不悔苦吟身。
志昭日月同登顶，贺帖一通诗义醇。

傅　震

三句箴言是主张，以驱尘欲扫心盲。
书中自有竹林智，房里平添佛茗香。
周学道儒遂白鹿，年观秦汉阅隋唐。
志涵诗画玉瓷趣，贺岁还期五柳长。

刘　梅

三千文字看纵横，以解春秋微义评。
书里风光无限异，房中日月寸方明。
周游南北乃同道，年度沉浮有共鸣。
志此相期邈云汉，贺心永结忘忧行。

田宁疆

三分今世老何求，以趣从师习唱酬。
书向千篇佳绝觅，房寻百部典经留。
周时周处随磋切，年弟年兄常论谋。
志往圣仙风骨境，贺诗鬼蕴探明幽。

孙刚强

（柏梁体）
三世结缘长乐村，以仁取众友侁侁。
书无满栋伺幽琴，房爱余闲漫逸窨。
周礼谦谦不绝尘，年轮渺渺刻新蓁。
志当修德做芳邻，贺祝朝朝遇达人。

刘苏南

三贤五贵会书友，以静养心建此斋。
书海无边弥漫雾，房谋杜断驱阴霾。
周来月转书香伴，日久年长智慧荄。
志逸修行同渡岸，贺诗吟颂共欢怀。

郁　红

三阳开泰五常论，以古明今志远藏。
书剑袭人犹穆穆，房梁及第尽煌煌。
周天梦省方如意，年岁芳华锦瑟香。
志气乐和皆有斐，贺声重彻纳千祥。

三子同行必有得，以文会友夕阳时。
书香茶淡墨为画，房静人盈媒是诗。
周往频繁劳顿苦，年期丰硕美芹辞。
志存高雅诗思远，贺岁同吟感我师。

陈以良

三才灵性所钟人，以结诗朋观斗辰。
书舍墨香骚客汇，房亭古朴晚香存。
周旋今古师传道，年会旧新道度人。
志勉勤学共修德，贺情难抑酒轻斟。

金莎

师生酬唱

岁末杂咏，师生酬唱集

庚寅岁寒，暗香未至，桐叶飘黄。吾等学子一十二人，会于复旦，入创意写作班。胡师中行为授诗词格律。课已过半，命以“年末杂咏”为题，各作绝句一首，以壮斯文之盛也。呜呼！兰亭事已，滕王安在？陆海潘江，各发逸兴。诸子吟咏，鼓瑟吹笙。乃识之如左。

张　凡

又是梅红雪白时，且将霜鬓织寒衣。
朝听春雨催桃李，暮看秋风蟹正肥。

胡中行

一痕雁过渡秋时，空叹秃枝霜作衣。
暮至明朝非邈远，残荷梦里藕蓬肥。

蒋琳莉

山中秋色异春时，满目荒寒冻客衣。
古佛无言池水淨，独来高阁袖风肥。

陈成益

斗室生烟戏笑时，醺然把盏酒沾衣。
推窗欲望苍山远，落掌三枚雪瓣肥。

陆斯超

张梦妮

客至黎明寂静时，苍山作发雪为衣。
老僧笑傲严霜冷，只道春来草更肥。

张馨月

作客申城有几时，西风如饮雪融衣。
凭舟为水文章焕，物我同心梦锦肥。

王霓

寂寂深松色静时，苍茫老翠浥人衣。
谁人常道寒天重？几处喧妍冬柿肥。

张凡

欲谐平仄刮肠时，一夜诗成百衲衣。
明日乡村吃麻辣，邯郸路上烤鱼肥。

徐裴裴

犹忆桑榆碧秀时，晴光媚好映鲜衣。
何当竟夕哀风至，满目琼瑶晓[illegible]肥。

郭丹

寒霾散尽待良时，不着新装恋旧衣。
暂向明朝赊岁月，歌诗醉后砚池肥。

高绍珩

凭栏怅望几多时，密雪烟云寒蓑衣。
不忍再听江北曲，醉迷春碧杏花肥。

赵艺婧

霜打残垣垂钓时，睽违千里念朱衣。
翠微妆扮轻琼素，拨雪屯粮待马肥。

鲁登

残壁侵霜夜祭时，森森嫩雨敬堂衣。
油豚可炙弓萧劲，病马秋风蓟甲肥。

刘霞（旁听）

辞旧烟花炫夜时，迎新瑞雪舞天衣。
临笺一束思乡语，微醉水仙倚绿肥。

戏剧诗言

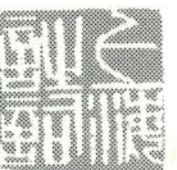

胡宇锦《戏剧诗言》十二篇

七律　天仙配·满工

黄梅戏《天仙配》演贫农董永卖身葬父，在傅家为奴。玉帝七女私自下凡，以槐树为媒与董永结为夫妇，同至傅家。七仙女一夜间织出云锦十匹，使董永三年长工改为百日。满工后夫妻双双回家，不料被玉帝察觉，逼迫七仙女立回天庭，否则降灾董永，七仙女在槐树下忍痛与董永诀别。

裁锦织云抵稻粱，夫妻结伴好还乡。
水流山外行千里，鸟在枝头成一双。
残壁破窑能避雨，粗茶淡饭亦生香。
若非仙女从天降，凡界知谁配董郎？

七律　碧玉簪

越剧《碧玉簪》演尚书之女李秀英与秀才王玉林新婚之夜，李秀英表兄心怀忌恨，窃取秀英碧玉簪并伪造情书，买通媒婆放入洞房之中。王玉林发现玉簪情书，疑妻不贞，深夜独坐，隐几假寐。秀英恐怕玉林寒冷，三次为夫盖衣，却遭恶言讥讽。王玉林此后对妻时加辱骂，致其抑郁成病。秀英父母闻之，亲去王家质问，王玉林出示玉簪情书，秀英申辩，当场验明笔迹，继而审问媒婆，真相大白，秀英随父母返回娘家。王玉林发愤读书，应试高中，亲送凤冠霞帔至李家，秀英拒不接受。后由王玉林之母出面求情，秀英念及婆母旧恩，接受凤冠，夫妻和解。

秀才修学彻昏晨，只信诗书不信人。
烛照空床衣委地，更停新妇泪沾巾。
玉簪他落恨无语，奸恶自裁报有因。
跪捧凤冠恕勿得，终劳婆母舐干唇。

行香子　白蛇传

越剧《白蛇传》演千年蛇精白素贞思凡下山，收青蛇为侍女，同至杭州，遇药材铺伙计许仙结为夫妇。金山寺禅师法海知其为妖，以佛法摄入金钵，镇于雷峰塔下。

疏雨烟轻，柳岸啼莺。扁舟近、画伞同行。樱唇妙目，素艳娉婷。甚身非人，血还冷，却多情。　　断桥雾远，宝塔新晴。问当时、何以为凭？楼台歌榭，遥递银筝。正低声唱，凝眸看，会心听。

惜红衣　雷雨

话剧《雷雨》演富家少爷周朴园与侍女梅侍萍相恋，生子周萍，后抛弃侍萍与繁漪结婚，生子周冲。梅侍萍以有孕之身投河自尽，被救生下一子，后嫁鲁贵，与鲁贵生女四凤。繁漪嫁与周朴园后，深感寂寥委屈，曾与周萍私通，周萍为此悔恨不已。鲁贵、四凤在周朴园公馆为仆，四凤与周萍相恋怀孕。一日，梅侍萍来到周家，与周朴园在二十七年后意外相逢。是夜雷雨交加，周萍冒雨去四凤家，繁漪跟踪前往，被鲁家发现。众人齐聚周公馆，周朴园被迫说出前情，四凤、周萍自杀，周冲也为救四凤而死。

黯淡孤灯，游移鬼影，又嘤嘤泣。永昼闷沉，窗门愈牢密。争情逐爱，终错乱、真缘无觅。深宅，金网玉笼，把春心长抑。　　华居若昔，白发重逢，无情有悲怵。轮回神矢作逆，在今夕。只是青春何罪，直教魄销形熄。甚可怜人世，雷逼雨催声急。

唐多令　苏武牧羊

京剧《苏武牧羊》演汉武帝遣苏武出使匈奴，单于爱其才，嘱卫律逼降，苏武宁死不肯，单于遂令其于北海牧羊。单于欲纳太尉胡克丹之女阿云为姬，阿云不从，单于怒而将阿云配于苏武。苏武阿云夫妻情笃，生有一子。十九年后，汉廷得知苏武尚存，遣人向匈奴索还苏武。单于知苏武坚不可屈，放其回国，独扣留阿云母子，阿云忿而自刎。

云黑正秋迟，雁归十九回。十九回，梦寄魂追。千里胡沙羁汉节，孤臣泪，复垂垂。　　忠骨作撑持，此心终不移。终不移，生死何为。万载相传不朽事，风吹过，草离离。

法曲献仙音　文昭关

京剧《文昭关》演春秋楚国伍员为报平王杀父之仇，投奔吴国借兵，于山林中遇隐士东皋公。东皋公告以关前悬挂缉捕图形，无法过关。伍员无奈，暂住东皋公家，因忧愤焦虑，七日后须发皆白。东皋公设计请好友皇甫讷乔装伍员模样，掩护伍员改扮混出关外。

千仞危崖，万重幽壑，只合烟云飞度。咫尺雄关，虎巡狼伺，逃生未脱追堵。痛父母何辜死，昏君孽难恕。　　夜无据，断肠人、七番长寤。孤剑在，唯与泪儿相顾。切齿恨还愁，又星稀，曙色驱暮。须发惊心，鉴中看、俱变白絮。且抛开忧愤，道是天怜相助。

黄莺儿　春闺梦

京剧《春闺梦》演东汉末年奋威将军公孙瓒与幽州牧刘虞交战，王恢、赵克奴、曹襄、李信四人被迫从军。王恢新婚不及半月，赵克奴老母在堂，曹襄家有幼子，李信妻子体弱。临别时，母子夫妻相对痛哭，依依不舍。战后，王恢、赵克奴阵亡，曹襄失踪，惟李信回乡与妻团聚。王恢之妻悒郁成梦，见王恢回家重叙旧情，醒后愈觉伤感。

忽如今夜春风与，拂暖孤枝，吹皱冰池。良人归来，征衣褴褛。端正酒饭杯盘，狂喜还惶遽。别来长未梳妆，但把牵肠愁绪倾诉。　　何故？憔悴不开颜，直是寡言语。烽烟兵燹，遭损含伤，依然此心难主。才待鸳枕重排，回首自贪睡。迫晓惊响寒鸡，梦已萧然去。

声声慢　徐策跑城

京剧《徐策跑城》演唐代薛丁山三子薛刚元宵酒醉，大闹花灯，踢死太子，逃出长安。朝臣张泰进谗，将薛家满门问斩。朝臣徐策与薛家素厚，乃与妻商定舍子救孤，将亲生子金斗换得薛丁山二子薛猛之子薛蛟。十八年后，徐策见薛蛟力能举鼎，便以图画示意，向薛蛟表明其身世及薛家被害原委，命薛蛟去寒山搬来薛刚、鸾英夫妇人马反上长安。兵临城下时，徐策不顾年迈，上城观望，并步履入朝，为薛家申冤、严惩奸臣。

颠颠扑扑，颤颤摇摇，匆匆急急促促。城外雄兵成阵，义旗翻覆。悲欢伤恨俱集，白发冲、峨冠朝服。十八载，盼今朝，慷慨痛伸冤曲。　　犹记西郊屠戮。争忍对、忠良后人哀哭。刀下施援，割舍自家血肉。苍天早迟有报，正朝纲、讨贼惩恶。恨惜得、此一副衰骨朽足。

金人捧露盘　四郎探母

京剧《四郎探母》演宋辽交战，宋将杨延辉（杨四郎）被擒降辽，改名木易。辽主萧太后招其为驸马，与铁镜公主成婚。十五年后，宋辽战事再起，杨母佘太君为宋军解粮至雁门关。四郎得知，思母心切，遂向铁镜公主说明原委，盟誓一夜即返，得其相助盗得萧太后令箭出关至宋营探母。四郎不顾母妻弟妹劝留，执意当夜返回辽邦。事为萧太后悉，欲将四郎斩首，经铁镜公主苦求得免。

野沙扬，风渐紧，漏声长。烛帐里，苦待东床。飞梭快箭，自此番难信比时光。揾腮犹烫，盗金批、未脱心慌。　　刀兵事，他乡陷，家国念，自神伤。助往敌阵探亲娘。一宵约定，十五年恩爱作承当。马蹄声近，莫不成，是我夫郎？

点绛唇　金玉奴

京剧《金玉奴》演穷书生莫稽饥寒交迫，倒卧雪中，得丐头金松之女玉奴相救，给以豆汁充饥，并延入院内避寒。金松问明莫稽身世，乃以玉奴嫁之。后莫稽应试得中，授县令，携金家父女赴任。途中，莫稽念玉奴出身卑微，有玷官体，狠心推其入江心，并逐其父。玉奴落水，幸遇巡按林润所救，收为义女，又寻回金松。林润到任，莫稽来见，林润佯称愿招赘莫稽，莫稽欣然从命。洞房之夜，金玉奴预设仆婢，面数莫稽罪愆，执棒痛打。莫稽羞惭难当，当场认罪。

舐罢空盆，又闻红帐传香馥。衲衣稀粥，饱暖难知足。　　攀上飞黄，便把糟糠蹴。扪心腹，热筋温肉，怎比蛇儿毒。

西江月　跪池

昆剧《跪池》演宋时陈慥自号龙邱居士，好宾客，喜声妓。陈慥之妻柳氏凶妒，苏轼有诗云："龙邱居士亦可怜，谈空说有夜不眠。忽闻河东狮子吼，拄杖落手心茫然。""河东"乃柳氏郡望，暗指柳氏；"狮子吼"佛家意为威严，陈慥好谈佛，苏轼因出此语戏之。一日，柳氏闻陈慥受苏轼之邀游春，有妓相陪，遂罚丈夫长跪池边。苏轼前来探望，与柳氏冲突，被柳氏用杖逐出家门。

昨夜樽前行乐，今晨池畔怀愁。莺啼燕啭霎时休，换了河东狮吼。　　居士何曾居适，寻花焉敢寻柳。老苏来劝杖兜头，任尔文章魁首。

行香子　邯郸记

昆剧《邯郸记》演吕洞宾欲点化卢生，特让卢生头枕磁枕小睡。梦中，卢生行贿中试，出将入相，享尽富贵荣华。后因官场倾轧遭贬，又复官得封国公，一门荣华，高龄而卒。待一场梦醒，始知身卧邯郸旅店之中，黄粱未熟。卢生大悟，乃从吕洞宾学道成仙。

烛下鸳鸯，廷上龙骧。运消也、枷铐锒铛。蓦然惊觉，独踞空床。但衾儿如铁，汗儿如雨，月儿如霜。　　百年实短，一梦偏长。慨人事、端的无常。邯郸过客，明日何方。甚底事儿悲，底事儿喜，底事儿慌。

九州吟草

听杨院士讲话有感

郑伯农（北京）

一

学兼文理哲人智，情系家邦赤子心。
艺海探幽高手集，谁家慧眼识真金。

二

“国魂凝处是诗魂”，院士一言惊鬼神。
莫道金钱通万物，风骚自古润人心。

咏兔贺春

李文朝（北京）

月宫玉兔下凡尘，值岁当班贺好春。
瑞送耳边音久远，光生足底路延伸。
逢龟勿坠休眠窟，遇树须防守待人。
寸尾翘天君莫笑，短长一例抱纯真。

游东坡赤壁

李文朝（北京）

大江故垒唱千秋，访胜追踪苏子游。
两赋齐天光赤壁，一词盖世耀黄州。
躬耕雨洗东坡月，放浪风扬不系舟。
遭贬终将心彻悟，快哉亭上莫言愁。

呼伦贝尔采风谣

周笃文（北京）

呼伦贝尔梦之城，云白天蓝水溜清。
千里草原风皱绿，平湖一串亮如星。

夔州八咏

梁　东（北京）

一、鹧鸪天　魂梦

何处高秋下露微？参差琪树映清晖。无心早岁耽风色，有酒中宵到古夔。　魂万里，故飞飞。似闻顿挫出惊雷。楚天未尽三更鼓，落木萧森入梦回。

二、鹧鸪天　星辰

昨夜灵河涤世尘，芒寒色正出天真[①]。无私助曜穿今古[②]，有烂垂文动鬼神[③]。　清浅浅，意殷殷。众星鱼贯出夔门。长庚梦得青莲韵[④]，壁是天心峡是魂。

注: ① 刘禹锡《柳礼部纪》：“繁星丽天而芒寒色正”。

② 李商隐《贺老人星见表》：“近晓流光，欲助无私之日。”

③ 《诗》：明星有烂。

④ 《唐书》李白传：“母梦长庚星而生白”。

三、鹧鸪天　猿声

失落瞿唐漠漠烟，未闻长啸走高猿。岂如滚雪临江岸，漫说孤云落石山。　缘底事，起无端。偏从白帝问青莲。游轮此日悠然过，莫道今生过险滩。

四、鹧鸪天　竹枝

日出三竿金叵罗，长刀短笠定风波。红花春水宁如足，平地波澜奈若何。　烟柳陌，水清蒙。人家峡上白云多。若晴若雨巴山雾，都入竹枝击壤歌。

五、巫山

夔州又见半轮秋，影动瞿唐不系舟。
身揽彩云当对酒，神追白帝莫登楼。
千年杜宇声声血，一段巫山点点愁。
如画江川其助我，霓虹天外雨初收。

六、白帝

公孙旧业烟尘尽，白帝城头浴日波。
道是永安图社稷，却无常胜起干戈。
桃园义失三分鼎，家国灰飞一统歌。
夜雨猿鸣当解语，后人偏把剑重磨。

七、梅溪

客心常驻古夔州，德共冰壶去复留。
每饭忠怀担国运，三更魂梦挹江流。
兴诗明道甘棠业，行路薰风稻粱谋。
澹澹梅溪堪照影，使君一步一回头。

注: 王十朋，南宋名臣。号梅溪。有政声，自谓“忠犹杜甫，未尝一饭忘君”。离夔时犹登山回望。

八、铙歌

汉鼓吹歌天外冷，巫山樵采入荒村。
牵江断骨孤云暗，隔岸离魂夜色昏。

滟滪悲鸣声转寂，黄牛激浪水曾温。
巴人一曲千秋唱，应是诗痕夹泪痕。

注：汉鼓吹铙歌《巫山高》为汉武帝军中乐歌。据认为是最早的夔州诗。牵江即拉纤。

雄图

万树青葱积嫩凉，无边烟雨莽苍苍。
米家山水江南笔，绘出雄图北大荒。

篝火

篝火驱寒彻夜明，垦荒曲子唱知青。
拂拭尘封寻旧梦，梦边摇落两三星。

边秋

驱车载酒踏歌行，来听边秋一雁声。
扫却征衫尘万斛，深杯欲酹老知青。

乌苏里江

棹歌一曲破秋寒，风雨潇潇逐逝川。
彼岸迷茫似相识，细看不是旧江山。

望月空

无始亦无端，茫茫天地间。
盈亏皆幻影，与月不相干。
织杼何曾渡，牛琴属乱弹。
天庭最清冷，至爱在人寰。

哀蟹

从不弄波澜，蹒跚溯海边。
横行非霸道，受辱始出拳。
既已餐其肉，如何复恶言！
回看小蟹仔，孤苦亦堪怜。

二月兰

李树喜（北京）

君子自何处，他乡亦故乡。
凌寒兼雪韵，御暑并荷香，
绣锦千条路，铺云万道冈。
小园居不惯，郊野作花王。

观皮影戏《灯官油流鬼》

赵京战（北京）

做人做鬼两为难，锣鼓声中和泪看。
世上庙堂多瓦砾，阴间禽兽也衣冠。
三千处处天光暗，十八层层地狱寒。
一顶乌纱如粪土，宁添灯火不为官。

江城子　读周邦彦《少年游》效赋婉词

赵京战（北京）

街灯照影影如双，莫思量，又思量。小巷悠悠，无语对红妆。最是夜深分手处，霜月白，露阶凉。　菱歌钓叟两茫茫，对南窗，暗神伤。欲谱新词，零落不成行。谁知锦瑟冰弦上，唯此曲，断人肠。

鹧鸪天　题《虞城诗词选》

赵京战（北京）

燧火传新万世师，沧桑已不记当时。黄河东去听韶乐，京九南行采竹枝。　伊尹庙，木兰祠，千秋雅韵入新诗。吟成流水高山曲，羡煞幽燕钟子期。

㊟：虞城，在河南省商丘市，北滨黄河，西临京九，是花木兰故里，有木兰祠、伊尹庙等古迹。

夜游榆林古城

星汉（新疆）

轻踏新秋路，凉风自远岑。
九边留翰墨，万里见胸襟。
城古月同古，街深夜亦深。
归来天未晓，诗笔写榆林。

与中华诗词学会诸诗友谒神木杨将军祠

星汉（新疆）

一门刀剑写春秋，书场从来作话头。
万里风云收血泪，千秋胡汉泯恩仇。

豪雄魂魄虽长荡，陈滥诗词自可休。
倘老将军抬望眼，中华不见旧麟州。

星汉（新疆）

登青山关长城感赋

一统今朝不筑墙，登高四望共炎黄。
三屯营外河声壮，八面峰头日影长。
只为江山添胜迹，岂容狐兔裂封疆。
当年关口将军路，留与游人脚步量。

星汉（新疆）

水调歌头　镇北台狂想曲

人在白云外，双眼望青霄。想来天上宫阙，盛宴酿芳醪。借我三杯两盏，遍洒苍凉荒野，先祭众英豪。似有黄沙起，风卷正扶摇。　看长城，隔南北，总徒劳。中华一统弘业，岂可限前朝。吩咐神仙相助，移向南沙海上，大步再登高。此处徘徊久，残日压心潮。

星汉（新疆）

水调歌头　游统万城

大漠废墟地，曾也铸辉煌。一千五百年后，听我放高腔。唤起赫连勃勃，回首英雄霸业，往事待商量。硬语盘空久，四望尽苍凉。　云天下，屡分裂，几兴亡。自从混一区宇，各族共封疆。无定河中流水，统万城头落照，行色各匆忙。莫负好时代，诗路正康庄。

王改正（北京）

悼舟曲之难

悲来心底泪双流，遥望舟曲万里愁。
地母慈怀谁动问，天公善念我难求。
一方兄弟魂归处，四海亲朋爱不休。
陇上桃源何处去，来年秦岭看扬州。

王德虎（北京）

瑞兔迎春

玉兔下凡巡海涯，吉祥福瑞送千家。
两只长耳迎风雪，一片丹心感物华。
紫气东来醒海岳，和风北上醉云霞。
新桃符换旧桃日，喜看冲天隔岸花。

王德虎（北京）

登真武阁远眺

倚梦扁舟枕绣江，紫荆簇簇护雕梁。
飞檐古月龙头势，极目天边雁一行。

郑天梅（福建）

兰花絮语

一

书窗絮语等闲时，姹紫嫣红漫赏姿。
不怪风霜催绿叶，犹欣纤手护青枝。
春移户外闻喧鸟，冬入厅堂叙巧思。
莫笑花痴情若梦，独将香墨染苍丝。

二

月上兰庭梅未温，与犬相约值黄昏。
倚门望野沈空等，孤枕难眠愁绪存。
暗自伤神闻犬吠，青春残度怨君浑。
愧离半载奈何恨，终是莺鸦难共村。

董尚祥（河南）

过李商隐墓园

蔓草春深已翠微，玉溪此地赏芳菲。
可怜瑟上庄生蝶，只傍闲花野草飞。

董尚祥（河南）

偶感

八年归退一吟翁，余得闲情与苦情。
偶见黄华思倩影，常依高竹叹秋声。
驱驰旧梦多文事，会约新朋不浪名。
早晚湖边独趋步，夕阳朝露沐舟横。

董尚祥（河南）

晨兴

好梦终虚身已老，悲欢离合事纷纭。
谨行深解书中意，随势轻浮天上云。
几度明光劳伫望，千般情愫见殷勤。
寻常旭日临轩照，仙语花馨静若闻。

农民画家

李更文（河南）

致富靠科技，农家渐小康。
昔年倍辛苦，今觉日光长。
茧手趁风雅，东墙开画廊。
蝶蜂如有意，竟是采花忙。

醉花阴　新农村老翁

李更文（河南）

空气质量优似酒，楼宇藏深柳。碧水又红花，高树浓阴，一座氧吧有。　　小康路上八叉手，听老翁吟吼。更看小儿嘻，手握枝椏，学得明星秀。

黄昏

杨学军（江苏）

笙歌如泣叹悲凉，怅对西天吟短长。
漫道前途成血色，须知落日也辉煌。

再题落叶

杨学军（江苏）

西风一夜苦摧林，梦里窗前半尺金。
魂落故园无寄处，来春犹向旧枝寻。

梦游西湖

杨学军（江苏）

谁泼丹青靓古城，引舟直向梦中行。
断桥有路通仙境，残月无声忆落英。
远岭明前峰已绿，新枝雨后叶先晴。
难能四季同凉热，心底三潭映旧瀛。

峰巅感咏

贺中轩（广东）

小径爬行极顶登，吁吁吐气逐云升。
回头山岭何其小，放眼日霞谁与朋。
世事艰难叹流水，人情冷暖任炉冰。
凌空一啸踏风问，十八层天吾几层？

老夫

贺中轩（广东）

老夫随意以吟诗，得句娉婷足蹈之。
心底河山如骏马，眼中名利似污遗。
美人邂逅无青眼，烂仔来临不皱眉。
一啸昂头看雁去，云空何处有樊篱？

青玉案　忆

贺中轩（广东）

十年颠簸东南路，莫道是、韶华去。踢踏几曾风与雨。校花愁摘，吉他欣侣，料想春知许。　　而今惆怅朝和暮，忘却当时隐情句。款款但看蝴蝶舞。那边听得，这边谁数，几鸟呢喃语。

槐思

戴寿泉（湖南）

已故乡贤马鹤凌先生（马英九之父）故居有一老槐，先生生前作《思乡槐》七律一首，感马老桑梓情怀，次韵和之。

伫立江头未计年，故人音断久心煎。
长悲游子他乡老，每诉幽怀过雁怜。
湘水涛声声不寐，蟾宫桂影影无眠。
春光翻覆秋光叠，独对孤魂叹大千。

救灾

戴寿泉（湖南）

中山友人诗云：“年年恨事年年再，又听抗洪奏凯歌。”感而和之。

岁岁东西南北中，旱魔方去又防洪。
有闲不作补天计，应急惟知发帐蓬。
偶泣黎民遭劫难，长听媒体颂英雄。
荧屏今日留声影，捞得升迁第一功。

秋山

戴寿泉（湖南）

细雨微风岭上行，登高未可动心兵。
白云休怨鲲鹏远，琼树还余燕雀鸣。
霜染红枫摇更落，尘欺潦水浊难清。
寒蛩岂解身将死，犹在高歌唱太平。

楼市观感

范裕基（山东）

案头怎忍再操刀，举债房奴已断腰。
釜底干柴烹豆急，眼前虚火待谁消？
黎民安定牵揆阁，楼市和谐仰尧舜。
喜待东风吹绿野，阴霾扫净日腾霄。

网游

范裕基（山东）

茶余饭后月临窗，登上网坛游一场。
柴米油盐皆看点，兴观群怨尽华章。
揭弊线人谁黑客，曝光日记汝荒唐。
寄言天下为官者，效法前贤当自强。

咏荷

宋玉萍（山西）

别浦风姿映日妆，羞随黄蝶竞春长。
苦心尝解浮生躁，圆袂堪裁翠盖凉。
纫蕙为裳先屈子，托君言志举周郎。
美人独步盈盈水，香入吟卮更沁肠。

行香子　游寒山寺

宋玉萍（山西）

沽价钟扬，缴费门昂。已消凝、千古名章。枫桥梦落，客楫徒长。负唐时月，今朝屐，累年霜。　当时渔火，知向何方？对秋汀，照影匆忙。愁眠张继，泽被一方。笑寒山隐，红尘乱，夜鶯藏。

苦雨

傅义（江西）

胡屡虐吾民？苍天何不仁！
西疆方亢旱，南国复湮沦。
泛泛愁为鳖，茫茫苦失津。
淋漓犹未已，入耳若闻呻。

检旧稿和人韵

傅义（江西）

春荣秋悴总难齐，诗笔重拈那忍题。
空际楼台思起凤，梦中风雨听鸣鸡。

足音频至人何在？血泪无多鸟莫啼。
幻想轮回真个有，相逢隔世不凄迷。

一萼红　盆中月季一枝超群赋此嘲之

碧丛凝，怎一枝挺出，何事独峥嵘？郁郁葱葱，浓浓密密，故处依旧欣荣。巨飙起、翻澜卷石，宁不畏、纷若众山倾。漫倚高标，难禁暴力，自顾伶仃。　羡煞罗浮疏影，任横伸斜出，不怍无惊。择处山中，寄人篱下，空叹天地无情。忆平昔、偕萤百颗，守残编、窗畔听鸡鸣。何苦偏争拔萃，幻梦虚声。

草原

碧野无垠接远天，顽童纵马不须鞭。
山花浪里飞出笑，云底牛羊变幻间。

回乡偶书

呢喃紫燕斗花红，蜂蝶翩翩明暗中。
瓜菜畦间争上下，杏桃院里列西东。
一方老井悠闲曲，几袋旱烟神气翁。
探问同窗今在否，只言南国打长工。

蒙古包

白云袅袅水悠悠，绿野穹庐不胜收。
透尽天窗观朔漠，掬来浊酒品恩仇。
遥知铁骑开疆域，缘是龙琴彻亚欧。
风雨曾经皆故事，英雄一去不回头。

回乡偶感

魂牵梦绕怕回乡，故里归来总断肠。
岁月难留人易老，多情最苦隔阴阳。

鹧鸪天　题唐寅

熊石望（湖南）

名噪江南第一才，诗文书画倚云栽。风停雨歇平川虎，命蹇行乖湫谷材。　　轻富贵，远尘埃，青山碧水伴灵台。而今若许烟霞渡，美酒相邀踏月来。

灵渠

李瑞河（江西）

各引清流共岭云，漓江湘水隔山闻。
秦皇毕竟雄才略，百越中原不许分。

同去非登岳阳楼时楼正修葺中

李瑞河（江西）

巴陵胜状驰名久，人物风光迥不群。
潦倒孤舟杜工部，关情两字范希文。
愧无资格谈忧乐，喜共知交看水云。
他日掀开真面目，再倾杯酒奠湘君。

鹧鸪天

李瑞河（江西）

一梦初醒四十馀，尘间寄迹任乘除。难更旧习眉含蹙，不合时宜发懒梳。　　屏键冷，月灯孤。天风拂槛晚来徐。人前且尽闲言语，弃置房中几柜书！

临江仙　花仙词

王君明（甘肃）

正月梅花，花仙寿阳公主

一点梅心酣梦短，飘摇恰印眉间。平添妩媚妒娇颜。东君醒雪萼，北帝慰青鬟。　　破晓冲寒谁寂寞？幽人自是回还。瑶琴三叠近樽前。闻香寻野径，吟客抚冰弦。

四月牡丹，花仙李白

国色霓裳歌舞艳，露华渲染瑶台。空怜辜负谪仙才。长安居不易，醉卧绮香怀。　　莫道洛阳曾贬黜，应叹傲骨难栽。画栏澄静等闲开。心旌移上苑，富贵莫疑猜。

五月石榴，花仙钟馗

锄恶斩妖骊托梦，孙山名后清衷。撞阶去也禀真龙。

休夸伸大义，情炙化火红。　　漫说江天堆锦绣，兰风蕙雨交融。一时新鬓效玲珑。书生无所悔，掩卷事雕虫。

六月莲花，花仙西施

惆怅苎萝衔古恨，浣纱枉自沉鱼。烟云渐淡越吞吴。渔歌传故事，兰棹泛蠡湖。　　但喜田田珠玉翠，凌波绰约仙姝。清风细雨润如酥。远观时浅醉，诗意卜幽居。

九月菊花，花仙陶渊明

有约东篱斟玉露，舒眉粲若黄英。排云舞鹤望空明。归来人已醉，追慕影纵横。　　枉叹书香何所在，珠玑满腹飘零。南山如画梦中行。一朝吟往事，千载共鸣声。

春姊

春姊悄悄至，粗心人不知。
身披红杏蕊，手把绿杨枝。
唤醒蝶儿舞，招来燕子痴。
待思酬谢日，归去已多时。

临江仙　诗朋小聚

蝉叫迎来夏翠，鹃啼送去春芳。诗朋小聚水云旁。日高情意盛，风热酒花香。　　畅说一时英物，漫评千古文章。人生喜得此清狂。百年非过隙，暂醉又何妨！

游花洲书院

漫游到邓州，访胜邀诗俦。
榆柳阴芳径，亭廊枕碧流。
含情疑处子，摄魄怨花洲。
书院传薪火，如何说乐忧？

新野关桑城

楼阁参差处，古时焦土场。
声名讹世代，跬步过城墙。
谁记曹操发，此存关羽桑。
春秋无义战，何必别奸良？

原始雨林

邱才扬（江西）

杂树遮天日，柔藤入九霄。
径幽苔寂寞，枝密鸟逍遥。
倚石深根瘦，争光老叶焦。
人生亦如此，鹏竞博天骄。

游阳岭云隐寺

邱才扬（江西）

林深锁寂寥，云隐半山遥。
地冷花迟放，峰危日早朝。
空门尘不染，雅室墨香飘。
俗念何缘灭，心宽境自高。

白发

彭中文（广东）

鬓发何须望？千根映雪光。
几多冲冠怒？无数被风伤！
未了心头愿，常忧路上霜。
人生它染就，一段一沧桑。

回家

彭中文（广东）

小道迎游子，新花笑旧知。
噙芳流水远，举露黛山痴。
桥上频停步，庭前几皱眉。
娘亲可识我？白发任风吹。

探西夏王陵

张少林（湖北）

东方金字塔，西夏帝王家。
鼎立黄河岸，迷藏赤地沙。
轻尘纤有附，大漠杳无涯。
一夜烟灰灭，千年叹落葩。

谒锡山东亭镇阿炳故居

张少林（湖北）

柴门虽紧闭，解锁有阿婆。
小屋知音少，长街逐利多。

凄清涂白壁，震撼拓先河。
一曲传天外，婵娟起舞歌。

水调歌头　登山海关城楼

试上危楼望，飞絮满城阴。儿童巷内奔走，捉弄笑吟吟。香雾随风婉转，玉佩摇摇行止，轻易百千寻。匹马渡江远，群鹤入云深。　朱门静，苔藓碧，意难任。青溪望断何处？杳杳锁离心。忽忆扬州夜月，歌罢平沙箫鼓，旷野有清音。山色隐归鸟，万古此消沉。

涵碧潭

风流跌宕下山来，驻足清池舒雅怀。
峡水恰如平水韵，偶尔险恶偶尔乖。

赏荷花

脱尽红衣倚碧纱，风情万种与谁夸。
黄昏露重清辉冷，慵理云鬟对月华。

栽桂花

妆点书斋饰绿窗，广寒借得一枝香。
常观苍翠添吟兴，每品芳馨思举觞。
难怪嫦娥甘寂寞，任由玉叶扼清光。
更阑尤喜婆娑影，明月清风鬓发霜。

北戴河忆曹操

孟德东来海啸高，鸿篇刻石唱波涛。
而今碑碣去何处，遗韵依然星汉摇。

山海关上赋长城

长城东起老龙头，链锁群山夏与秋。
坐镇千年御外敌，飞腾万古阅风流。
而今国力凭科技，昔日雄关供旅游。
岭上观光人似水，可知脚下怨和愁？

范义坤（广东）

闻高中同窗聚会感怀

同窗兴会我心知，月润秋声入梦迟。
千里离情千里望，卅年别念卅年痴。
钟楼泪洒春桃竞，谷水觞挥乳燕驰。
欲问乡思何所寄，凭栏把盏赋湘辞。

注：钟楼、谷水系作者高中就读的湖南湘潭市一中校内之建筑和水塘。

范义坤（广东）

大理随感

苍山无语古国殇，旧陌新垣绿草妆。
三塔幡飘风叩柳，一泉蝶戏雨敲杨。
云吞万岭迎华盖，海纳千霞仰段王。
踏洱凌风天地阔，涛声依旧伴斜阳。

注：段王指曾经统治过古大理国的段氏国王。

来根友（浙江）

无题

一

回眸一笑忆嫣然，纵使初交亦见怜。
曾待三生风雨石，堪同百载乐忧船？
探骊碧海波涛日，走马蓝田烟月天。
偶此临屏欣共咏，遥空极目白云边。

二

犹记崔郎小扣扉，桃花相映抱春微。
岂看马迹思红豆，未染蛛尘舞翠衣。
文字交淳虽亦有，屏缘事笃向应稀。
时轮不止驹过隙，欲伴此生情恐违。

殷美生（江西）

雨后看花

云散峰头晓日临，前溪野水涨痕深。
墙边一树花噙泪，欲诉连宵雨不禁。

殷美生（江西）

看梨花感赋

白云铺絮漫山乡，岭上梨开淡淡妆。
莫笑花容无血色，看花人亦鬓毛霜。

庚寅岁末寄兔

曾因株守笑愚氓，鹊落乌升岁序更。
三窟谅非营殿阁，寸心依旧属蓬瀛。
狐悲宁信伤其类，冰鉴何须解异名。
君亦洁身矜气节，不同猪狗一锅烹。

罨化池怀古

园中处处见斯文，占尽芳菲意总新。
千载难回少陵梦，一壶聊减放翁贫。
瞑琴待鹤情何远，拍槛呼鱼迹已陈。
浮动梅花香馥郁，江山依旧爱诗人。

自题光头小照

尘心曾许玉壶冰，一点秋光冷欲凝。
解用铅刀裁白雪，难凭退笔斥青蝇。
酒中怀阮矜无染，胯下学韩惭不能。
烦恼三千丝落尽，从今老子是贫僧。

鹧鸪天　咏兔

经惯尘寰雪与风，前承寅虎后辰龙。
尾巴何必论长短，耳朵真须鉴聩聪。
心尚软，眼休红，贪婪会使梦成空。
梅花已报春消息，不在诗中即酒中。

书斋寄兴

远离公职断腥荤，乱象官场不必闻。
耽句遍翻忆中史，抒情远望垄头云。
十年铸就龙泉剑，万里廓清妖冶氛。
端赖荧屏八千字，老夫也学鲍参军。

玉楼春　自星星峡入疆遐想

翩翩汉将来西口，时日迢迢千里久。天山无尽雪盈头，戈壁惟馀沙满手。　　城门已启君王后，美女盛装携美酒。先贤经略霍关西，一路左公催植柳。

邓世广（新疆）
邓世广（新疆）
邓世广（新疆）

王善同（新疆）

浣溪沙　过媚香楼

王善同（新疆）

梦断南明化血啼，秦淮犹问子归期。小楼不闭月华低。　　扇底桃花天灼灼，心头故国挽依依。此时灯影照人稀。

失学女童

李　夏（广西）

头遍鸡鸣摘苦瓜，一肩挑起满天霞。
赶墟占个好摊位，叫卖声声含泪花。

秋日感怀

李　夏（广西）

多情总被寡情伤，孤雁数声人断肠。
西岭丹枫迷眼乱，东篱金菊为谁芳。
茅亭风露送行色，野浦云烟带夕阳。
酒熟问能忘世否，一杯饮尽满头霜。

枫叶

刘凌云（湖南）

弱质凌寒不计轻，归前犹共晚霞明。
风掀叶浪山添色，霜绘秋峰画有情。
常作书签游学海，亦随流水作诗声。
世间名物难违律，越近残年越老成。

雪梅春　早春

刘凌云（湖南）

曙光启，芸窗开处对晴空。见墙头杏树，一枝初绽微红。小草枯丛苏困倦，雪松新绿醒朦胧。小园景，遍着霞衣，亮丽春容。　　东风，驱寒气，尽洗尘颜，拓展心胸。虽近衰年，踏青仍上云峰。岂让韶华随意度，须知岁月去匆匆。垦骚苑，广种诗花，试夺词丰。

故乡行

胡德堪（湖南）

山含夕照斜，游子返天涯。
手握儿盈泪，亲亡哪有家。
弟兄情切切，肺腑话喳喳。
来日别离去，乡心托彩霞。

梅

吴华山（安徽）

无须踏雪觅芳踪，志在山村大写农。
小草能为自己绿，好花不替别家红。
身心陶醉山河里，耳鬓厮磨冰雪中。
质本洁来还洁去，此身决不嫁东风。

荷

吴华山（安徽）

凌波仙女镜妆新，贴近人心不近人。
红艳不争游子目，清芬岂乱美人魂。
娟娟翠鸟传清韵，淡淡蓝风启薄唇。
依旧出污而不染，哪为林噪失秋心。

归乡

楚家冲（山东）

归来欣遇李柯童，廓畔篱前每日逢。
戏水悠同荷叶鲤，打樵深在白云峰。
香烟即递埋苍首，背脊微弯状老松。
百感沧桑唯夕色，离迷眼外旧山冲。

林中

楚家冲（山东）

坐对溪山隐竹林，凌风长啸作龙吟。
不辞酒熟眠方笃，未识云低暮渐深。
人间灯好天街暗，胸底尘疏世路阴。
此境无竿心可钓，河沉星月意难禁。

乡晨即景

楚家冲（山东）

梦断天涯意未明，曦微渐向岭头生。
垄西耕者长鞭卷，牛背牧童短笛横。
鸡唱此时无晋汉，村醒何处不蓬瀛。
草民爱惜今朝事，哪管山中是雨晴。

江南春色

叶雨寒（浙江）

一

一溪山色一溪烟，绿到江南瓯水边。
杨柳依稀人不见，晓莺啼破杏花天。

二

江村烟柳赖风扶，草径河塘小雨初。
昨夜登临问消息，半山梅子尚红无？

叶雨寒（浙江）

水调歌头　游楠溪江

浩浩楠溪水，奔向古城东。沿堤柳絮轻拂，晴翠绕芳丛。一伞阳光撑梦，片片溪云穿入，此际四时同。千里烟波渺，相约有清风。　镇龟蛇，锁双塔，隐鱼龙。长空斜照如画，鸥鹭唤霞红。且共扁舟逐浪，荡去闲愁多少，帆落橹声中。烟林青不语，初月醉霜钟。

注：罗浮双塔是楠溪江著名的古迹，龟山位于江南岸，匍匐如龟；蛇山位于江北岸，婉蜒如蛇。

武阳（天津）

下厨有感

难求君子梦，愧未远庖厨。
早虑年时货，甘为灶下夫。
南街筹肉蛋，北市买蔬菇。
不晓团圆饭，来年涨价乎？

武阳（天津）

迎兔年杂感

辞迎虎兔示和谐，历尽严冬春欲回。
久旱京畿如染疾，冰封南国似成灾。
攀升物价贫亏本，暴敛民膏富聚财。
颂曲连篇歌盛世，偷萌野草盼惊雷。

刘刚（山东）

冬日偶题

日暮寒烟接远津，小楼倦起意岑岑。
荧屏忽报春消息，一卷诗醇带梦吟。

刘刚（山东）

生日自题

箕南斗北忆年庚，平仄无涯随处生。
频向诗囊添小韵，懒教颜色累浮名。
怀高徒羡潇湘月，梦窄尚存鸥鹭盟。
一枕烟云东去也，与时俱进赋秋声。

漫兴

一

富贫疾重药何求？解惑谁能高一筹。
漫道真言身易折，尚存热血笔难收。
壮怀碧落应无憾，老对黄昏愧有愁。
梦入尘缘情未了，释疑访戴亦悠悠。

二

林泉有梦梦难收，一世风霜乐晚秋。
持卡乘车游集市，猎奇寻宝探瀛洲。
欣逢有课行踪早，重聚无间惬意俦。
轩外星光宵夜静，韵成窃喜若封侯。

太常引　忆旧

检旧物得故人书简，展而视之，墨痕犹新，感慨旧情，不忍卒读，遂赋此。

桃花笺上有余香，重展却堪伤。往事费思量，纵碧柳、无如恨长。　　断肠曾是，藉河烟雨，携手砚湖旁。而今剩凄凉，只醉里、深哭一场。

江城子　寄友人

庚寅中秋夜，待月不至，酒酣赋此，寄天涯诸友。

寒窗待月影凄凄，且徘徊，却相违。层阴暗锁，空许寄相思。人各天涯虽千里，当此际，露沾衣。　　谁家紫玉临风吹，惹人痴，尽成悲。红烛无语，酒阑自吟诗。还向枕边期好梦，更细问，几时归。

游笔架岭青云庵

一

大笔谁拿去，空余一架陈。
岭幽鸣翠鸟，庵静隔红尘。
羡佛无烦恼，聆尼说果因。
层林筛细雨，点点润灵根。

二

笔架骚人爱，灵山尼佛亲。
深林遮白日，古刹耸青云。
庵静鱼声远，风清鸟语真。
潇潇疏雨洒，一任涤尘襟。

林兴鸿（广东）

题苏坟夜雨

一

洒洒潇潇入耳清，更深人静最分明。
坡公一句伤神语，化作千秋夜雨声。

注：苏东坡有："是处青山可埋骨，他年夜雨独伤神"之句。

二

千古长垂父子名，峨眉山上柏青青。
夜阑人寂沙沙响，疑是三苏写作声。

林兴鸿（广东）

谒三苏坟苏轼持卷雕像

豪放词开天下先，铜琶铁板唱千年。
坡公手上持书卷，可是大江东去篇？

吕大振（安徽）

黄山排云亭前

万壑千岩指顾间，烟岚变幻梦中看。
亭前总是茫茫雾，莫怪仙靴晒不干。

吕大振（安徽）

黄山桃花涧水

春雨蒙蒙湿翠云，泠泠何处响琴音？
幽林一涧桃花水，溅梦牵魂流到今。

吕大振（安徽）

绍兴古巷

小院幽幽街巷深，粉墙黛瓦老台门。
不知细雨微凉路，可遇丁香撑伞人？

吕大振（安徽）

妙高台

小坐石矶岚气开，清刚劲笔妙高台。
人间风雨沧桑后，不见伊魂渡海来。

吕大振（安徽）

断桥微雨

水面蒙蒙山笼纱，断桥如梦柳丝斜。
撑开雨伞撑开爱，此是千年不败花。

长白山暗河

田成名（吉林）

亘古幽怀未可侵，玄机勘破大山心。
风云出岫凭谁语？日月经天看我吟。
跌宕生涯清几许，喧嚣尘世浊千寻。
浮华万象皆空色，抱膝独听流水音。

长白山峰顶

田成名（吉林）

三江秋色碧沄沄，长白山头日半曛。
百代劫灰风寂寞，一池寒水气氤氲。
神龟虽寿披浮石，孤隼无言啸乱云。
谁会登临千古意，几行归雁渐纷纷。

记梦

潘太玲（吉林）

相逢惟一笑，执手弄湖光。
叶举青蓬酒，花分隔岸香。
眸凝秋水远，梦系藕丝长。
欲问他年事，含羞淡淡妆。

燕子

潘太玲（吉林）

只为心中一念存，不辞万里到荒村。
年年檐下曾经客，剪破相思啼断魂。

黎平县肇兴古侗寨

杨远建（湖南）

黄花几朵映怀开，侗妹临窗月发呆。
最恨相思万般苦，瓜藤犹自上楼来。

中秋怨

杨远建（湖南）

美人昨夜泪盈眶，空引离思满碧窗。
月似商人穷计算，无钱不肯露清光。

理发（新韵）

凌大鑫（辽宁）

巧运剪刀轻，方圆仄渐平。
多推烦恼去，漫剃是非清。
思绪闲梳理，情怀任纵横。
身心常整饬，一笑必春风。

钢笔（新韵）

凌大鑫（辽宁）

终生纸上苦耕耘，流利轻盈傲古今。
满腹才华甘起落，一腔血泪自风云。
江湖险恶开怀饮，道路崎岖放胆吟。
敢以刚直酬日月，剑锋犀利走乾坤。

油画《父亲》（新韵）

凌大鑫（辽宁）

人生漫漫苦耕耘，几度秋冬几度春。
脸上沧桑堆褶皱，碗中寂寞映风云。
千钧笔写民族史，百种情描岁月痕。
脚下凸凹一路走，只留坚毅给儿孙。

观“雷峰夕照”有感

刘敬娟（黑龙江）

无言寒日正西斜，碧水清风荡落花。
寂静青山如有梦，翱翔鸥鸟似无家。
诗于湖畔求佳句，人在塔边餐暮霞。
我是恒河沙一粒，名微身小度生涯。

梦故人

刘敬娟（黑龙江）

已知君在异空间，昨夜缘何梦里还？
想必难融新境地，似乎不舍旧家山。
今生携手三千里，前世回眸五百年。
天上人间休恨远，灵犀一点自能传。

有赠

王同兴（黑龙江）

报效情怀血气刚，同窗联袂赴边疆。
三千桃李园丁志，廿五春秋鬓角霜。

自有丹心终向日，原无大树好乘凉。
昨朝又见南飞雁，魂梦可曾还故乡？

中山怀古

一

残堞一登天地回，当年谁此霸图开。
国依千乘风云聚，势逼七雄鼙鼓催。
钟鼎犹然铭旧迹，君王早自付寒灰。
兴衰漫说嗟吾辈，指点苍茫意转哀。

二

野菊含滋遍地秋，我来何意此迟留。
漫追征伐千旗影，独感风烟几土丘。
荆棘荒凉归鸟没，光阴斑驳夕阳收。
酣年霸业凋零尽，空剩滹沱一脉流。

雁荡山

寻幽雁荡山，一步一重天。
路向云中隐，树依岩缝眠。
凭高抛往事，望远寄他年。
峰上那轮月，何须借梦圆。

年末与诗友同事歌厅小聚

酒绿灯红糖果香，缠绵舞步正清狂。
新添一岁难回首，犹念当年唱小芳。

鹧鸪天　酒后送君归

情到真时未可禁，贪杯浅步醉花阴。聊凭美酒添诗意，不许三秋压我心。　　灯灿灿，影沉沉，断肠时候为君吟。卿卿觅句扶墙走，微雨佳人夜色深。

探古采石场

断壁红岩一斧开，世间芳景送良材。
斯人已去残痕淡，不绝凿声天地来。

秋访古村落

邱俊标（广东）

莲塘村口水盈盈，古巷幽幽七纵横。
石径崎岖通百户，门联秀朗固千睛。
穿阳默照寒斑壁，落木闲听远客声。
更替几朝香火盛，尊儒取义道同行。

兰花祭

张　申（陕西）

花谢流光十五年，芳魂入梦总绵绵。
白洋雨作青荷泪，眼际云愁故国天。
一缕清芬献黎庶，万章诗赋诔淑兰。
瑶池回首新枝秀，翠满太行千座山。

江城子　捡废品

张　申（陕西）

俯身翻捡手频忙。酒瓶脏，纸皮黄。钱卖零星，犹可慰饥肠。纵使难圆小康梦，明日米，不心慌。　　忽闻呵斥耳边狂。著工装，打官腔，叉腰拖帚，物业保洁郎。分我杯羹即水火，萁与豆，费思量。

秋谒江油李白故居

康丕耀（内蒙古）

久仰谪仙浪漫章，今游故址倍思量。
风寒蜀道山犹碧，雨冷川江竹更苍。
剑胆千秋悬日月，诗魂万古夺光芒。
一生醉酒心何系？雾笼长安总断肠。

重读《红楼梦》偶成

康丕耀（内蒙古）

天才妙笔傲寰球，却为寻常度日愁。
冷夜绳床摇旧梦，阖家瓦灶煮清粥。
飘零世上三十载，感动人间二百秋。
总恨同君为异代，残更掩卷涕横流。

雪

肖佛义（福建）

冰心拼碎羽，急落影参差。
仅带前生忆，来看梅满枝。

新年咏怀

一

抚首心藏天地间，不思旧岁换新年。
花开净水兴家气，笔落芳笺悟道缘。
款款堪追惜古韵，悠悠不断礼前贤。
修来百载知灯命，永照孤星为梦圆。

二

独立新年再剪裁，平分四季老亭台。
无诗破梦堪题壁，有酒当歌乐述怀。
春水窥花逐日涨，秋风探路望鸿来。
阳光足予萧郎便，抱与青松一处栽。

乘车向玉溪

一

溪城重踏一身轻，水友山朋伴此行。
义勇军歌声渐起，无痕风过几多情。

二

高速携云向玉溪，风声侧耳踏鸿泥。
吟心此去真如幻，放眼山间最着迷。

梅

寒笛吹愁落，朔风增暮寒。
楼头初雪夜，塞外雁门关。
堪寄相思意，独怜寂寞颜。
春来须记取，明月对孤山。

拈花一笑

轮回思未穷，大梦复西东。
朝露迎风逝，莲花经雨红。
青山曾妩媚，明月自玲珑。
欲问此中意，无关色与空。

镇北台怀古

一

极目苍茫不尽收，周天彻地气横秋。

朔风掠野寒流动，塞柳摇黄乱绪愁。
倦雁蓬飘唳天际，孤烟雾散抵云头。
怕听邻笛谁凭奏，如血残阳日又休。

二

北望孤台意未休，西风萧瑟正当秋。
云高放旷鹰盘势，地远苍茫草入眸。
梦醒三刀闻鬼哭，歌飞一曲看人游。
夕阳惨淡寒凝树，数点飞鸿天外愁。

宾馆夜景一角

王艳秋（河北）

媚眼朱唇脂粉香，穿梭来往小包房。
扫黄会战雷声大，卖笑生涯依旧忙。

红豆吟

王艳秋（河北）

情怀飞越几重山，寄予他乡月半弯。
心底而今留一角，采枚红豆放中间。

题浅水湾萧红墓

刘祝金（吉林）

烽火河山碎，巢倾卵岂完。
牵心伤国难，濡笔恨家残。
生死三章短，乾坤一梦寒。
孤魂欲何寄，塞北向呼兰。

过秦岭感怀

刘祝金（吉林）

延绵万里接昆仑，太白峰高雪色昏。
岚薄风微浮雁影，褒斜栈险挂云痕。
猿啼欲引思乡泪，木落堪摧谪子魂。
忆往忠贤多少恨，青山无意与谁论。

父亲节致父亲

谢庆琳（江苏）

一辈埋头挥斧柯，劈开荆路让儿过。
无多言语唯多爱，总有精神任重驮。
对镜不知霜鬓改，看他依旧笑颜多。
千秋大业非关注，只把小溪汇入河。

悼李汝伦公

谢庆琳（江苏）

一身瘦骨几经磨，依旧罡风唱大歌。
廿载称蛇神敬重，周遭藏刺猬嫌多，
常怀恻隐悲黎庶，总以公心挥斧柯。
哀我大儒星陨落，正听冬雨泪滂沱。

长江

张建华（重庆）

滚滚滔滔发浩歌，奔腾咆哮下岷峨。
千峰积雪融春水，三峡狂涛卷白波。
竞渡龙舟吟屈子，放声赤壁唱东坡。
汹汹世界纷争日，扬帜和谐敢息戈？

梦诗

赵日新（黑龙江）

灵思梦里来，平仄被窝裁。
推枕悄摸笔，流芳忙释怀。
微光何处借，深夜手机开。
不解疯癫趣，窥窗月正猜。

农家乐

文清风（云南）

上班烦又累，周末聚农家。
水绿禾苗壮，山青细雨斜。
钓鱼心更静，喝酒脸微霞。
春鸟鸣园外，忘归采野花。

安居（新韵）

文清风（云南）

常住佤山人不俗，严寒酷暑此间无。
窗含飞鸟天然画，风卷林涛生态图。
宇宙随心如望月，功名过眼似翻书。
安居乐业知真意，直把龙潭当五湖。

登峨眉山观佛光

洪君默（四川）

峨眉秀色与谁同，万壑千岩擎一峰。
山在沉浮云海里，人收飘渺光圈中。

雪淞树出飞秋练，日夕谷阴分紫茸。
尘外疏钟休度客，幻生原本是空濛。

诗坛怪睹

吾辈依然在练兵，不期恩诏出京城。
明知俚句扰鸡犬，岂敢金杯题姓名。
骨相已难充使者，头衔何必近公卿。
龙楼昨夜颁新奖，闪亮勋章钱铸成。

注：《南英诗刊》“练兵场”以八庚韵索句，适京城无故寄来入选“共和国功臣奖”通知书，并欲赠题名金杯一个，奖章一枚，怪哉，遂成一律。

过包公祠

向来廉正赖传奇，破费民心一念痴。
冷对威狐空切齿，惯看硕鼠莫横眉。
宁知枉法冤三字，岂有豪贪畏四知。
敢问青天何处有？包公祠外雨丝丝。

观鱼解牛

笔力能令霜气柔

——周笃文先生诗文漫议

褚水敖

常见有人用“倚马可待”，揄扬他人吟诗撰文分外敏捷，不过大都流于虚言。但如果以此来形容周笃文先生的诗文才气，却不是虚言而是实指了。我曾经多次见他思接神驰于须臾之间，或言情志，或状景象，有时即兴起吟，有时顷刻酬唱。今年春节前夕，他用很短的工夫，就为《人民日报》写成《八声甘州·辛卯迎春曲》，全词大气磅礴，掷地有声。四年前，他贺周汝昌先生九十椿寿，四首七律丰意深情，清辞丽句，都是迅捷而成。有一年，笔者伴随笃文先生在南阳采风，好几天我为佳句难觅而愁肠百结，他却一个夜间便吟成堪称上品的绝句十多首！说笃文先生笔力雄健，是无疑的，而且这雄健非同寻常，乃是为诗为文，既快又好。所以，当我见他在给周汝昌先生的贺诗中有“笔力能令霜气柔”一句，就想，这用来描述笃文先生自己的诗文，也十分恰当。

不过，笃文先生性情淡定，一定不同意这样的赞扬。他认为自己过往的笔墨生涯，平平而已。这当然是他的谦词。早在儿时，他即以不同凡响的颖悟，显示了他在诗文方面的天赋。这有他十岁那年读《镜花缘》后吟成的一首绝句为证。半个多世纪以来，他在文学、新闻、教育等多种领域锐意精进，无不斐然有成。其中诗词文章，或昭著为学术，或体现于创作，更在他呕心沥血自强不息之后卓有建树。这里，暂且不论他积十余年之功煌然成就、即将面世的《全宋词评注》，单就前不久推出的他的《影珠书屋吟稿》以及其他诗文，便能窥见他的笔底波澜，感受他诗心文心的博大与深沉。

笃文先生的词作，素享盛誉。集在《影珠书屋吟稿》中的各调，大都精湛工致，其中不少真是字字珠玑，有的即使置于宋词之中，也毫无愧色。他的词风格多样，有豪放，也有婉约；见飘逸，亦见沉郁，抑或淳朴天真，异彩纷呈。他在一首诗中似乎不经意地写道：“入目溪山景色奇，格兼豪婉最心迷。”这如果移用为他自己对词作的高格以求，也是很合适的。不过，我认为论笃文先生的词，若论风格，关键还不在于他大量词作此种或彼种风格的存在，而在于这多种风格何以能够存在。试看他那首曾经广获佳评的《一剪梅·张家界金鞭溪》："到眼溪山沁骨凉，莫叹朝阳，且惜斜阳。风吹吟袖动双双。句也生香，水也生香。　玉柱、金溪步步量。峰似鹰翔，石似鱼翔。黄花雅韵斗清霜，景胜三湘，人秀三湘。"这首词设句清美，抒情真挚，新奇婉丽的风格显而易见。而类似神情毕现风格鲜明的佳构，在笃文先生的词中俯拾皆是。那么，这类词的格调，是如何形成的呢？曾经见到一些评论文字，把笃文先生词作的风格说得比较透彻，但往往不留意风格的成因。即使涉及，也语焉不详。我觉得这不曾深究的风格的成因，恰恰是笃文先生填词常能臻于精湛的奥妙所在。这奥妙，我概括为一个"浑"字。所谓"浑"，即毫无雕饰，浑然天成。可以喻之为行云流水，当行即行，当止即止。前面所引的这首词，想必是作者当时面对溪山，油然生情；灵感一旦触发，意在笔先，象随意走，那一片神思，直如飞舟一泻千里，而当停泊之处，戛然而止。词要达到妙境，最难处莫过于自然而然。正是在这自然而然之中，境界全出。此即所谓无技巧乃是最高的技巧。这方面前人多有论述，如清人郑文焯与朱强村论词书，曾挑吴文英词的毛病："梦窗词，其灏气流转，文采高丽，纯学清真，而未得其浑。""浑"是神韵所藏，风骨所寄；百炼于天然之内，从容于规矩之中。倘是舍弃或疏忽了"浑"，尽管"如七宝楼台，眩人眼目"（宋人张炎讥梦窗词之语），却终难大雅。笃文先生是研究宋词的大家，我猜想他的词作能常如大匠运斤，无斧凿痕迹，必是透彻地分析了许多先贤笔下的长短得失，将个中三昧一一参透，并化为自己创作的圭臬吧！

笔力遒劲，不仅显见于笃文先生的词，也昭著地体现为他的诗。诗词界有这样的断言，认为笃文先生词胜于诗，而他的诗，绝句胜于律诗。这种说法虽然也有一定道理，但我认为不大周全。词和绝句，他用力最勤，二者各比律诗数量为多，这是事实；而以总体的质量相衡，应该说难分轩轾而各有千秋。我新近细读了《影珠书屋吟稿》中的七律，反复琢磨，深为这些律诗深沉的思想、遄飞的意象、炳焕的辞采以及严整的格律所吸引。对其中一些佳作，不禁为之陶醉。他的七律题材广泛，大到国计民生，小到牡丹水仙，诗人感触到处，诗亦至矣！尤其是情系师友的祝意酬唱，更见兴致迸发，神采飞扬。

祝诗及和诗，往往最见性情。而大都即兴所为，于是又最见功夫。笃文先生这方面的七律较多，我觉得其中《戊子上元寿汝昌老九十椿寿四首》和《奉和林恭组先生仙溪楼落成六首》最属上乘，更能彰显作者的胸次与才情。这十首七律真情盎然，妙句迭出，绝非一般的力作，而是真正的精品。我甚至认为读当代中华诗词不可不读笃文先生的七律，特别是不可不读这十首绝妙华章。这十首诗之所以精彩，妙在一个“活”字，即意象活，哲思活，趣味活，语言活，还有用典活。这诸般活气，真是大可玩味。就诗本身而言，营造了鲜活灵动的至美境界；就诗人而言，展现了丰神畅朗的艺术个性；就诗界而言，无意中树立了当代律诗创作的生动楷范。这里特别提及诗界，是因为我觉得这一“活”字，实际上触及了当前旧体诗词创作的一个重要问题。律诗无“活”，行而不远。律诗如此，其他诗词样式也是如此。旧体诗词如果要为更多人的所钟爱，不能缺少这活泼传神的生命力。笃文先生在另一首我也很欣赏的七律中有这样两句：“真识傥能参活法，死蛇犹可化生龙。”于此可见，他是常在思考诗的自由创造，包括常在揣摩古人早就倡导的诗词的“活法”，力求把诗词写得无拘无束，活龙活现。如何激活传统，继雅开新，表现当代沸腾的生活，一直是诗人苦心探索的问题，如发表在光明日报上的《齐天乐·曹妃甸放歌》就是一个佳例：

海疆福地曹妃甸，明珠焰光璀灿。造地吹沙，深洋筑港，伟矣中山遗愿。百年梦醒，正龙起沧溟，浪腾天半。牧海耕滩，钢城卅里顿时现。　　如山巨轮泊岸，正长波摆荡，暾旭红满。构厦云连，喷油浪涌，井架天高涛远。词流振笔，竞声铿金石，万花飞旋。四象三才，共齐声礼赞。

这样的作品，确实能令人感受到时代飞扬的神采。

可能是被诗词的名声所掩，笃文先生的文章，似乎尚未为更多的人所看重。而不少有识之士业已指出，他的笔力，在他的文章里一样能遍见峥嵘。数十年来他著文丰盈，作为附编载在《影珠书屋吟稿》中的《古体诗新生命论》等若干篇，只是关于诗词方面的论文少许。但这几篇妙文，已在学界乃至社会上颇有影响。近几年来，他更是文思泉涌，发表在一些重要报刊的《读不朽经典，兴无穷之志》、《<世说新语>妙绝千古》等文，以及众多为别人精心撰写的序言，大都主旨深远，气势充盈，理定情真，格高辞畅，于是意味无穷。

笃文先生的文章，同样具备多种风格。而这多种风格的生成方式，我认为也可以用一个字概括：圆。所谓“圆”，即是圆融委婉，流转自如。如《古体诗新生命论》，起始如涧水初出，以轻灵之笔，文辞简洁而韵致浓冽地叙说中华诗词百年浮沉；随之如微波闪动，以“中国古诗是打不死的神蛇”一语为亮点，款款展开，不仅将文气渐次弥散，而且把文旨自然升华。继而又如清流细泻，尽情描绘“神蛇”行状，神气跃如；然后更如江浪奔腾，别开生面地论述中华诗坛的新潮正在不断推进，势不可挡。《文心雕龙》论到文章体势，强调“圆者规体，其势也自转”，落笔营建圆融之体，便能造成自然之势。势者即是气势，气势对于文章的重要自不待言。笃文先生每每施展圆融之笔，文章气势已就，却又不露痕迹。前面提及的倡导读不朽经典一文，以朱熹的绝句开篇，议到哲人思辨的机锋，诗人焕发的才情，然后以一句妙言“读书，是养心的妙药”，作为画龙点睛之笔；最后结论为“从阅读经典中获得鸟瞰八方之乐，而兴俯仰无穷之志，奋发上进，以创造生命的辉煌。”文章层层辨析，步步递进，使读者在不知不觉中，被无形而有力的气势打动，于是心魂的感染和精神境界的提升，也就势所必然。此种状态，即是我们常说的文章的不尽之意。这也正是刘勰引用刘桢之语而论述的“文之体势，实有强弱”。这里的“强”，最为难能可贵的就是“辞已尽而意无穷”。辞尽意不尽，在笃文先生《影珠书屋吟稿》的“自序”中尤为突出。“自序”精悍地谈及诗的三个要领：一为冥搜，二为入情，三为尽象。“诗者冥搜之艺也”，即情动魂消，深思苦想，好诗才有可能涌现。作者笔势凌厉，先推出一个广阔的想象空间；继而从这一想象空间，转到另一个更为浩渺的畅想天地：“好诗词既要‘入情’，又须‘尽象’。”“能‘入情’则诱发灵感，鼓舞意志，呈现性灵而感动人心”，“‘尽象’者,穷形极相，铸造个性化、独创性意象之谓也。”然后作者一语作结：“‘冥搜’、‘入情’、与‘尽象’，乃余治诗之鹄的。”偌大主题，语则寥寥而已，即刻归尽，意却绰绰有余。这有余之势，当然会高健而优美地萦绕在读者的心间久久不去。

笃文先生笔力的表现，概而言之，即是上述的他词境里的“浑”，诗境里的“活”，文境里的“圆”。而这三者的根基所系，则是他心境里的“高”。至于心境之高，关系到他人品情操学养之类，这说来话长，得由另一篇文字细论了。

对仗略谈

刘永翔

一、对仗的起源及其发展

对仗是汉语特有的修辞格，起于先秦，诗歌中不消说，早已运用，如《诗经》的“觏闵既多，受侮不少”（《邶风·柏舟》），“昔我往矣，杨柳依依；今我来思，雨雪霏霏”（《小雅·采薇》）；《楚辞》的“饮余马于咸池兮，总余辔乎扶桑，……前望舒使先驱兮，后飞廉使奔属”（《离骚》），“采薜荔兮水中，搴芙蓉兮木末”（《九歌·湘君》）。散文中也俯拾即是。如《尚书》的“刚而无虐，简而无傲；诗言志，歌永言，声依永，律和声”（《尧典》），《易经》的“同声相应，同气相求，水流湿，火就燥。云从龙，风从虎”（《文言》）。到东汉以后，这一修辞格被人们格外重视，从诗文中偶尔的出现演变为有意的大量运用，其极致为全篇皆由对偶组成。以诗为例，如《古诗十九首》之一：

迢迢牵牛星，皎皎河汉女。
纤纤擢素手，札札弄机杼。
终日不成章，泣涕零如雨。
河汉清且浅，相去复几许。
盈盈一水间，脉脉不得语。

开头连用两联对仗。到了西晋的陆机，诗中的对仗就更多了。他的《赠尚书郎顾彦先》诗，差不多句句都用对仗：

朝游游层城，夕息旋直庐。
迅雷中宵激，惊电光夜舒。
玄云拖朱阁，振风薄绮疏。
丰注溢修溜，潢潦浸阶除。
停阴结不解，通衢化为渠。
沈稼湮梁颍，流民溯荆徐。
眷言怀桑梓，无乃将为鱼。

刘宋谢灵运的名篇《登池上楼》中的对仗更多：

潜虬媚幽姿，飞鸿响远音。

薄霄愧云浮，栖川怍渊沈。
进德智所拙，退耕力不任。
徇禄反穷海，卧痾对空林。
衾枕昧节候，褰开暂窥临。
倾耳聆波澜，举目眺岖嵚。
初景革绪风，新阳改故阴。
池塘生春草，园柳变鸣禽。
祁祁伤豳歌，萋萋感楚吟。
索居易永久，离群难处心。
持操岂独古，无闷征在今。

不过这时对仗在诗歌还是出于修辞的需要，而非格律的要求。而在文方面，对仗却早就成为文体之必需了。句必成双，方能成文，亦即整篇文章均须由对偶构成，后世称为骈文，也叫骈俪文。试举东汉仲长统《昌言》中的一节为例：

豪人之室，连栋数百，膏田满野，奴婢千群，徒附万计。船车贾贩，周于四方；废居积贮，满于都城。琦赂宝货，巨室不能容；马牛羊豕，山谷不能受。妖童美妾，填乎绮室；倡讴妓乐，列乎深堂。宾客待见而不敢去，车骑交错而不敢进。三牲之肉，臭而不可食；清醇之酎，败而不可饮。睇盼则人从其目之所视，喜怒则人随其心之所虑。此皆公侯之广乐、君长之厚实也。

梁朝吴筠的写景名篇《与朱元思书》也是骈体文：

风烟俱净，天山共色。从流飘荡，任意东西。自富阳至桐庐一百里许，奇山异水，天下独绝。水皆缥碧，千丈见底。游鱼细石，直视无碍。急湍甚箭，猛浪若奔。夹峰高山，皆生寒树，负势竞上，互相轩邈，争高直指，千百成峰。泉水激石，泠泠作响；好鸟相鸣，嘤嘤成韵。蝉则千转不穷，猿则百叫无绝。鸢飞戾天者，望峰息心；经纶世务者，窥谷忘反。横柯上蔽，在昼犹昏；疏条交映，有时见日。

到了唐代，文章除了叙事的史书外，基本上都是骈体文，连应用文等都不能例外。中唐韩愈起来提倡古文，反对骈文，但“抽刀断水水更流”，依然没有改变骈文的主流地位。他自己写起古文来，尽量避免偶句，但却喜欢运用大段的对仗。如《原毁》中的两段：

闻古之人有舜者，其为人也，仁义人也。求其所以为舜者，责于己曰：“彼人也，予人也，彼能是，而我乃不能是。”早夜以思，去其不如舜者，就其如舜者。

闻古之人有周公者，其为人也，多才与艺人也。求其所以为周公者，责于己曰："彼人也，予人也，彼能是，而我乃不能是。"早夜以思，去其不如周公者，就其如周公者。

可见对仗还是避免不了的。

在诗歌方面，初唐律诗形成，四联中中间两联必须对仗，成为诗歌的格律之一。如宋之问的《江南曲》：

妾住越城南，离居不自堪。
采花惊曙鸟，摘叶喂春蚕。
懒结茱萸带，愁安玳瑁簪。
待君消瘦尽，日暮碧江潭。

沈佺期的《古意呈补阙乔知之》：

卢家少妇郁金堂，海燕双栖玳瑁梁。
九月寒砧催木叶，十年征戍忆辽阳。
白狼河北音书断，丹凤城南秋夜长。
谁谓含愁独不见，更教明月照流黄。

对仗本是骈体文的"零件"，但奇怪的是以零件面目出现的楹联却产生在骈体文产生的千年之后，据说最早的对联是五代后蜀后主孟昶所题桃符："新年纳余庆，嘉节号长春。"宋以后成为一种独立的文体。

到了明代，八股文出现，其所谓股，即由韩愈文中段与段之间的对仗发展而来，实际上由长联组成。请看顾清《学而不思则罔》文中的二股：

学者习其事也，博文以益其知，考迹以利其用，其谁能废学也？然学者事也，事必有理以主之，理具于心，而心之官则思而已矣。不思则不能通微，故学必待思而后可以融至理也。不然则记诵徒勤，玩物而非穷理，成法虽效，蹈袭而非体验，义理之精微终归于茫昧而已，安望其浃洽于中哉？

思者求诸心也，测度以探其精微，抽绎以索其真趣。其谁能废思也？然思者理也，理必有事以载之，事资于学，而学之道则习而已矣，不习则不能悦心，故思必待学而后可以收实效也。不然则审虑虽详，非有考据之真见，研穷徒切。未尝实践于躬行，事理之精当终归于惶惑而已，安望其怡然理顺哉？

清中叶又出现了诗钟，由两句七言律体组成，或嵌字，或分咏。嵌字者，如以"两""空"二字嵌在每句的第六字："不住猿声啼两岸，但闻人语响空山。"分咏者，一句咏一事，如以"尺"、"蜂"为题："灯下量衣催五夜，花前酿蜜正三春。"

虽是文字游戏，却也可陶冶性情，裨益智力，未尝无裨于诗道。

二、对仗的种类

所谓对仗，从宽的方面来讲，就是名词对名词，动词对动词，形容词对形容词或动词对形容词。若对仗仅此而已，称为宽对。再考究一点，分类而对，天文对天文，地理对地理，天文对地理，气象对气象，动物对动物，植物对植物，器官对器官，数词对数词，颜色对颜色，方位对方位就是工对了。凡对仗，数词、量词、方位词、颜色词、专有名词、叠音词等等都是要相对的。

我们试从《笠翁对韵》“一东”和“二冬”中各举一段为例：

天对地，雨对风。大陆对长空。山花对海树，赤日对苍穹。雷隐隐，雾蒙蒙。日下对天中。风高秋月白，雨霁晚霞红。牛女二星河左右，参商两曜斗西东。十月塞边，飒飒寒霜惊戍旅；三冬江上，漫漫朔雪冷渔翁。

清对淡，薄对浓。暮鼓对晨钟。山茶对石菊，烟锁对云封。金菡萏，玉芙蓉。绿绮对青锋。早汤先宿酒，晚食继朝饔。唐库金钱能化蝶，延津宝剑会成龙。巫峡浪传，云雨荒唐神女庙；岱宗遥望，儿孙罗列丈人峰。

还有所谓借对,看上去是宽对，但利用字的多义性或看成同音的另一字，那就是工对了。如：

回日楼台非甲帐，去时冠剑是丁年。（温庭筠《苏武庙》）

将“壮丁”之“丁”看成“丙丁”之丁，与“甲”相对。

沧海月明珠有泪，蓝田日暖玉生烟。（李商隐《锦瑟》）

“沧”借为“苍”，与“蓝”相对。

借对的极致是所谓“无情对”，如：

齿落眼花身已老，手挥颜柳体能坚。

“颜真卿”的“颜”借为“颜面”之“颜”，“柳公权”之“柳”借为“杨柳”之“柳”，分别与“眼”、“花”相对。又如：

树已半枯休纵斧，果然一点不相干。

“果然”之“果”看成“水果”之“果”，“相干”之“干”看成“干戈”之“干”，分明就是工对了。

介乎宽严之间的是自对：

腾蛟起凤，孟学士之词宗；紫电青霜，王将军之武库。（王勃《滕王阁序》）

"腾蛟"本不能对"紫电"，"起凤"本不能对"清霜"，但"腾蛟"与"起凤"句中自对，"紫电"与"青霜"也是句中自对，这样二句就算相对了。

非魏非吴偏是蜀，易阴易雨最难晴。

"魏"、"蜀"、"吴"三国名自对，"阴"、"雨"、"晴"天气自对，"非"、"是"及"易"、"难"反义自对。这又是自对之一格。

诗中不宜用的一种对仗称"合掌对"，即同义词相对。《文心雕龙·丽辞》说："反对为优，正对为劣。"正对即指合掌。诗的语言要求精炼，两句一意，未免辞费。而合掌对在骈文和赋中可以互文见义、增强语气，故往往而见，如王勃《滕王阁序》的"时维九月，序属三秋"。但文中也不宜多用。

三、对仗的声调

六朝以后的对仗必须讲究声调，上下联的节奏点皆平仄相对，从上引《笠翁对韵》中，我们可以知道

一字对：仄－平。如：天－地，雨－风，清－淡，薄－浓

二字对：仄（可平）仄－平平。如：大陆－长空，山花－海树，赤日－苍穹，暮鼓－晨钟，山茶－石菊，烟锁－云封，日下－天中。

三字对：平仄仄－仄平平。如：雷隐隐－雾蒙蒙，金菡萏－玉芙蓉。

四字对：仄（可平）仄平（可仄）平－平（可仄）平仄（可平）仄。如：十月塞边－－三冬江上，巫峡浪传－－岱宗遥望。

至于五字句和七字句的声调，则与五七言近体诗同，兹不赘。至于六字对，骈文和词中常见，其平仄是：仄（可平）仄平平仄（可平）仄—平（可仄）平仄（可平）仄平平。如：照野弥弥浅浪－－横空暧暧微霄。响穷彭蠡之滨－－声断衡阳之浦。

四、对仗的作法

对仗要做得工整，必须事先选择安排好上下联关键的对偶，然后用其他词汇连缀成句，仔细推敲，不断修改，以达浑成，如先写：

1.千秋

万里

2.千秋冰

万里沙

3.高山水

瀚海波

4.千秋冰□高山水

万里沙□瀚海波

5.千秋冰迭高山水

万里沙凝瀚海波

这样，对仗就完成了。

五、对仗的应用

1.用于诗文。

律诗的中间两联必须对仗，骈文通篇需要对仗，至于古诗与近体绝句，对不对均可。如有对仗，则是出于修辞的需要，而非格律的要求，古文亦是如此，八股文则是段与段之间的对仗。这是文体的规定，上面已经举例，此处不赘。

2.用于对联。如：

书似青山常乱迭

灯如红豆最相思（书房联）

少年时志士襟怀，心忧中夏，誓斩荆榛，万死无辞，欲为苍生驱虎豹；

中岁后师儒事业，手定名山，乐滋桃李，九旬不倦，讵知绛帐厄龙蛇。（挽联）

李商隐诗话漫议

王铁麟

自唐宋至明，对李商隐其人其诗的评论虽文字不多，但也屡有出现，惜未成波澜。至有清一代，随着对传统文化总结面的扩大，李的研究也达到了高峰。首先为李诗作笺注的是朱鹤龄，而笺注附有诗话的则从程梦星开始。其实，历代涉及对李的评论文字除专集外也散见于文集、选本、笔记、丛书、杂著等。近人孙伯绳、陈家风二氏曾历时三载，从中撮录一百六十家，上自唐孙棨《北里志》，下迄清杨钟义的《雪桥诗话》，于1962年编纂成《李义山诗话汇录》上下两卷，共五百四十则，油印行世（下文简称《汇录》）。对这些评论资料，今天可将它当作李诗的批评长编来读，理所当然也成为今日研究李诗的不可或缺的重要资料。

诗话所涉，内容繁纷，大致可分为四类：

一、诗话对李诗的风格特征作总的评价

如宋蔡宽夫说，“义山诗合处信有过人处”（《蔡宽夫诗话》），范温热情赞赏其“高情远意”（《潜溪诗眼》），许顗下断语，熟读李义山诗可除“作诗浅易鄙陋”之气（《彦周诗话》），清叶燮盛赞义山七绝“历代无其匹”（《原诗》），何焯则极力推崇义山“顿挫曲折有声有色，有情有味”（《义门读书记》）。各家不同侧面的评述，言简意赅，使人对李的诗风有一个较全面的认识。

二、诗话阐述了李诗的艺术特点

无论是平仄对仗，奇字僻典、修辞的多样化，还是章法结构、逆挽诸法，见仁见智，各有千秋。值得注意的是有些评论还涉及到文学现象之间的内在联系，在比较中揭示了李与西昆体、李与杜甫以及黄山谷等的推陈出新关系，优劣互见，慧眼独具，诚如叶维廉在《中国诗学·中国文学批评略论》中所说

“对诗人由感悟到表达之间所牵涉的许多美学上的问题有明澈的识见和掌握”，形成诗话的另一特点。

三、诗话补记与李商隐活动有关的人、事、物

如李曾赠诗予歌妓小润、驿吏王令（孙棨《北里志》、钱易《南部新书》），白居易对李商隐的激赏（《蔡宽夫诗话》）、李商隐与令狐绹的恩怨（胡仔《苕溪渔隐丛话》）、李与令狐青衣锦瑟的一段情愫（刘颁《中山诗话》）等，诸说或有出于传闻者，但毕竟为后人研究李的本事诗，包括《无题》诗提供了线索。

四、诗话考证李诗的用字、出典、释义及李诗涉及的物源和史料辨伪

如清吴景旭《历代诗话》中涉及此内容的有十一则。考证文字从出现到深化与补记一起为后人科学地知人论诗奠定了研究基础。

综观李商隐诗话，凡及政治、咏史、咏物、悼亡、情恋、伤别诸内容，行文无不针尖麦芒以引后人之思。但前人囿于著述体例，文字多为混而论之者，缺乏条分缕析的归类。从形式上看，仅是“点到即止”的片断式叙述。它们一如中国传统文学批评那样，没有有迹可循的逻辑结构和长篇宏伟的组织文字，却往往一语中的，进入“言简而意繁”的批评核心。后人经常能从那小段甚至仅为几个字的篇幅中拾到闪烁着学力和智慧的论点或结论。

如较早对《锦瑟》诗意进行评论的《彦周诗话》首次提出《锦瑟》与令狐家女子以及此诗的最早聚讼关系：

《古今乐志》云：“锦瑟”之为器也，其柱如其弦数，其声有适怨清和。又云感怨清和。昔日令狐楚侍人能弹此四曲，诗中四句状此四典也。章子厚曾疑此诗，而赵推官深为说如此。

又如何溪汶《竹庄诗话》：

李义山《袜》诗云：“尝闻宓妃袜，渡水欲生尘。好借姮娥著，清秋踏月轮”。荆公作《月夕》诗云：“蹋月看流水，水明摇荡月。草木已华滋，山川复清发。褰裳伏槛处，绿净数毛发。谁能挽姮娥，俯濯凌波袜。”因旧而语意俱新矣。

文中提到王安石与李商隐诗的继承与出新关系，给后人提供了新的研究契机。诗话作者与李商隐的思维方式虽然不同，但在“心生而言立，言上而文明”（《文心雕龙·原道》）方面却是互通的。

但是，《汇录》所辑诗话中普遍存在的“言简而意繁”的表述特点，也有明显的缺失。这种“点”、“悟”式的批评有画龙点睛的作用，但因缺乏对诗人创作环境的再造，因此也就丧失了引导读者走出作品迷宫的主观机会，使游离于逻辑论证之外的结论显得苍白乏力，甚而有穿凿之嫌了。再说，如果读者无诗心，无慧眼，点而不悟，那么，评论家再精辟的论断也仅流于程式，予人以随意性、一般化的错觉。就上引两则诗话为例，无论按归纳还是演绎的要求，均缺乏严密的论证秩序。前例，“诗中四句状其四典也”作为最后的结论仅从唯一的例证：“令狐楚侍人能弹此四曲”一句中导出，那么，令狐楚侍人与“适怨清和”或“感怨清和”及至与李商隐的关系如何呢？“章子厚疑此诗”的疑点又是什么，“赵推官深为说如”的理由何在等等，均无提及。后例从比较分析角度肯定了李诗对王安石的启发，但同样对“因旧而语意俱新”的理由未作只字论证。有论断而缺乏推理过程，诗话最后的抽象意念因没有具体的诠释而流于空泛。这是李商隐诗话的一个特点。

但是这一特点随着时代大文化环境的移位也发生了变化。主要是有清一代考据学的盛行，导致文章的作法有了改变。从中华上编一九六三年辑录张采田手批文字成书的《李义山诗辨正》中不难发现，张氏在用诗话形式表述对李的态度时，与传统的写法已大相径庭。

如张氏评《漫成三首》：

义山鸿博不中选，当时必有毁之者。首作，言何、范同属知名之士，文人相轻，奈何因以及我哉？虽未解物华，亦何害为诗家也。次作，怜之、毁之，要无伤乎我之名誉。三作，“雾夕”、“芙渠”，比已新婚之得意。“沈、范两尚书”，指周、李二学士以大德加我也。此为开成三年应鸿博时作。冯氏说最精，不可易也。三首皆借用何逊事，意各不同，不可泥看。此唐人用典通例也。

张氏将《漫成三首》系为开成三年应鸿博不中选时的作品，要言不烦地铺叙了例证，并以“冯氏说最精，不可易也”作概括引证。以上百余字脉络清楚，论说有较完整的逻辑层次。这不能不说是李义山诗话在表述上的一个突进。

历代诗话作者对李诗的认定始终存在着褒贬不一的态度。具体表现在以下三个方面：

一、不同时代的评论者持不同的态度。

二、同一时代的不同评论者有好恶的差异。

三、即使同一评论者在同一篇目、乃至同一章节中也存在着相左的看法。

自唐末李涪在《刊误·释怪》中认定李诗“无一言经国、无纤意奖善，……至于君臣长幼之义，举四隅莫返其一也”开了贬斥李的滥觞。历代，尤其是南宋，斥其人为“邪思之尤者”（张戒《岁寒堂诗话》）；斥其诗“如百宝流苏、千丝铁网、绮密瑰妍，要非适用”（敖陶孙《诗评》），“有斧凿痕”（葛立方《韵语阳秋》）；“浅近者亦多”（胡仔《苕溪渔隐丛话》）。对李为人的“忘恩”、“无行”的鄙视，对李诗纤丽风格的批评不乏其人。至明代，这类批评已不复多见，大多的批评者逐渐发现了李诗的魅力，从而对李的行止也开始有了新的定位。有清一代是李商隐研究的极盛期。朱鹤龄首先发难、引发批评者对李其人其诗的态度有了一个大变化。朱赞颂李“指事怀忠、郁纡激切，直可与曲江老人相视而笑，断不得以‘放利偷合’、‘诡薄无行’嗤摘之也”（《李义山诗集笺注序》），这是对李品藻的平反，而发掘李诗的艺术内涵更成为批评者津津乐道的事。有的爱李商隐“诗外有诗，寓意深而托兴远，其隐奥幽艳，于诗家别开一洞天，非时贤所能摸索也”（林昌彝《射鹰楼诗话》）；有的推崇说“七律到十分满意者，杜陵之外只有义山一人”（丁繁滋《临水庄诗话》）；“七绝尤为晚唐以后第一人”（李慈铭《越缦堂日记》），甚至说，李的“纤细”正是他的“妙”处（贺裳《载酒园诗话》）。

在强调君臣父子之秩的南宋，李商隐的一些咏史诗引起了理学家的反感。他们怒斥李“彰君之恶”，责问诗教的“发乎情，止乎礼义之意何在？”（范晞文《对床夜话》）；有人却认为同类的《贾生》“不问苍生问鬼神”，“一句道破，文帝亦有愧矣”，极力推崇“前人无此见”（谢枋得《叠山诗话》）；《龙池》“其词微而显得风人之旨”（罗大经《鹤林玉露》），“微婉显晦，尽而不汙矣”（杨万里《诚斋诗话》）。刘克庄详列义山诸诗句，肯定“义山诗尤锻炼精粹，探索出微，不可草草看过”（《后村诗话》），而晁公武直称李“横绝前后无俦者”（郡斋读书志》）。

在盛颂李诗的清代，也出现过不合时律的异曲，黄白山称李“清狂从事”（《载酒园诗话评》），嗤之以鼻，而纪昀的《玉溪生诗说》更对李诗作了近乎苛刻的点评。

宋释惠洪《冷斋夜话》中有这么一段话：

诗到义山谓之文章一厄，以其用事僻涩，时称西昆体。然荆公晚年亦或喜之而字字有根蒂。如“试问火城将策探，何如云屋听窗知”，“未爱京师传谷口，但知乡里胜壶头”，其用事琢句，前辈无相犯者。

惠洪既斥李诗为“文章一厄”，更将后之西昆体与之合一，但又认为王安石晚年诗“字字有根蒂”是喜欢李诗的结果，肯定王安石诗“用事琢句，前辈无相犯者”是学李的成功。

《蔡宽夫诗话》：“白乐天晚年极喜义山诗，云：‘我死得为尔子足矣’”，以白居易衬李商隐，用心良苦。同一部诗话又说：

王荆公晚年亦喜称义山诗，以为唐人知学老杜而得其藩篱者唯义山一人而已。每诵其“雪岭未归天外使，松州犹驻殿前军”、“永忆江湖归白发，欲回天地入扁舟”与“池光不受月，暮气欲沈山”、“江海三年客，乾坤百战场”之类，虽老杜无以过也。义山诗合处信有过人，若其用事深僻，语工而意不及自是其短，世人反以为奇而效之。故昆体之弊适重其失，义山本不至是云。

引王安石语肯定李商隐，同时又批评其“用事深僻、语工而意不及”，语多相抵。

尽管如叶维廉所说：“作品诞生以后，是一个存在。它可以不依赖作者而不断与读者交往、交谈；它不但能对现在的读者，还可以跨时空对将来的读者传达交谈”（《传意与释念》），但就中国文学批评史的个案论，在与中国诗史的主流诗人“传达交谈”中出现如此纷繁多歧的意见是绝无仅有的。西方十九世纪的“心理重建”论者施莱厄马克（F·Schleiermacher）和狄尔泰（W·Dilthey）认为，批评者必须进入作者的原创境界去重新审视创作过程，然后彼此会因为某种通感而重新建立一种新的解读领域。但是正因为这种通感会因时代、价值观和个体审美能力等诸方面的差异而各别，从而也就产生了李商隐诗解读的复杂性。

从思想史角度看，李商隐出现之后，社会经过南宋的理学大盛，逐渐进入明中叶的商品经济发展阶段，资本主义因素和民主思想开始萌发。社会对作为个体的人重新审视，以及对人的价值的判定和重视也初见端倪。对李商隐的诗能比较客观地从历史、社会和艺术等三个方面进行较深层的发掘，进而为其不可抗拒的勉力而倾倒。社会礼教观的变化也从一个重要方面引发了对李为人行事的新一轮的评判。至于就评论者的个人而言，其审美能力也存在着巨大的个体差异。仅以多人肯定的《龙池》中“薛王沉醉寿王醒”一句而言，洪迈在其《容斋随笔》、《容斋续笔》中反复指责它史料失实。以“唐岐、薛诸王俱薨于开元中，而太真以天宝三载方入宫”为由予以否定，这正是洪氏狭隘的美学导致的不应出现的评论错误。殊不知李商隐将不同时间段的人物集中在同一空间中予以表现，这种浓缩时空的写法恰是本篇的成功之处。

李商隐独特的谋篇、遣词、造句、用典的表现手法，与不同凡俗的、奇异的时空交错思维方式，所集合而成的艺术多元性，引来了中国诗歌批评史上众多的、不可思议的目光，这是主客观不同质不能融合而带来的结果。总结成一点，历史长河中众多的李诗评论者，无论主褒还是主贬，与李商隐相比，都是不能企及的。

“诗话”是文学批评史的一个特有概念，“李商隐诗话”则是这个特有概念属下的一个研究对象。它存在于历史上的共性特征是由时代的大特征所决定的。片断型的论说方式和对诗人作品的不同评述则是从形式到内容的两个核心，它们更受各种因素所牵制。文学的研究必须置于一个时间的范围，是件很不易做好的工作，更何况一个时间范围或多个时间范围里的一个人或多个人说法各一，更给后人制造了扑朔迷离的结果。对李商隐诗话的研究也许可以从一个侧面引发我们在李商隐诗歌的研究上获得一点新的思考。